马建荣 著

中华优秀传统文化十六讲

难能可贵的是，作者是一个富有经验的中学语文名师，长期以来坚定不移地用中华优秀传统文化支撑语文课程，教学改革，形成独一无二的「真性情语文」教学特色，引领一方的语文教学，值得广大教师学习和借鉴。

黄河出版传媒集团

阳光出版社

图书在版编目（CIP）数据

中华优秀传统文化十六讲／马建荣著. —— 银川：
阳光出版社，2021.9
教育部"国培计划"中小学名师领航工程
ISBN 978-7-5525-6071-8

Ⅰ.①中… Ⅱ.①马… Ⅲ.①中华文化 – 青少年读物
Ⅳ.①K203 – 49

中国版本图书馆CIP数据核字(2021)第178087号

中华优秀传统文化十六讲
Zhonghua Youxiu Chuantong Wenhua Shiliujiang

马建荣 著

责任编辑 林 薇
封面设计 张 宁
责任印制 岳建宁

黄河出版传媒集团
阳 光 出 版 社 出版发行

出 版 人 薛文斌
地 址 宁夏银川市北京东路139号出版大厦（750001）
网 址 http://www.ygchbs.com
网上书店 http://shop129132959.taobao.com
电子信箱 yangguangchubanshe@163.com
邮购电话 0951–5014139
经 销 全国新华书店
印刷装订 宁夏凤鸣彩印广告有限公司
印刷委托书号 （宁）0021781

开 本 880 mm×1230 mm 1/16
印 张 17
字 数 200千字
版 次 2021年9月第1版
印 次 2021年12月第1次印刷
书 号 ISBN 978-7-5525-6071-8
定 价 58.00元

自觉教育的精神家园

——《中华优秀传统文化十六讲》序

福建省厦门市语文教育研究院院长　许序修

习近平总书记2013年3月1日在中央党校建校80周年庆祝大会上说："中国传统文化博大精深，学习和掌握其中的各种思想精华，对树立正确的世界观、人生观、价值观很有益处。"捧读马建荣先生的《中华优秀传统文化十六讲》（以下简称《十六讲》），我实实在在地体悟到总书记所说的深刻道理。

《十六讲》涵盖孔孟老庄、阳明和先秦诸子的思想精华，旁及中华传统文化的融通和践行，充分体现中华优秀传统文化的博大精深及其在树立正确的世界观、人生观、价值观方面的现实作用。

在文化内容和价值层面，《十六讲》挖掘中华优秀传统文化的思想性、价值性，既凸显中华民族的道德和智慧，又体现中华民族的精神和情怀。在讲述形式和表现层面，既有具体规范的学术化解读，又有对于核心价值的准确把握，更有对现实作用的透彻阐述。呈现开本明道、正本清源、汲古拓今、守正创新的鲜明特点。

一是开本明道。一方面，每一讲开头都用精练简要的语言，凝练其思想文化要点，提纲挈领，揭示其价值特色和历史作用，为讲开本。另一方面，每一讲都分为若干节，先从点到线，再从线到面，点线面互相呼应，由浅入深推进，严谨的层次结构和清晰的逻辑层理，引人入胜，为读者润心开本。

在讲的过程中，"讲的艺术"出神入化，或透彻剖析，或具体点化，或深入开示。讲王阳明的知行合一，从理念、关系、过程、特点、作用、意义等方面，采用引用、分析、阐述等方法透彻剖析。讲孟子的学问之道，从孟子思想的核心入手，巧妙地将学问与"善"联结起来，阐述学问的性质，教育的本质，最后以君子"教者五"为证，从道德与才能、学识和风范等方面，阐明德才共育，教人找回善心，做个善人，持有做人的道德，持有善人的美德，达至"可为尧舜"境界的重要性，层层深入，进行具体点化。讲老子慎终如始的思想，针对古往今来的人性缺陷，从人的心理、行为、认知特点和自然发展的规律等方面，深入开示，引人知"道"、明"道"、事"道"、懂"道"。

二是正本清源。中国教育如何传承中华优秀传统文化，中国教师如何用好中华优秀传统文化，这些问题不但一直没有解决好，而且有的人还崇洋媚外，扬西抑中，"言必称欧美"。

针对这种现象，如何在传承中华优秀传统文化、传播中华民族伟大精神的同时，正本清源，《十六讲》进行了有益、有效的尝试。讲孔子的对话式教学时，以无可辩驳的事例，旗帜鲜明地指出"对话"作为重要的教学手段，在我国有悠久的历史，孔子倡导的民主、平等、交流的对话式教学对于引领新时代教育具有极好的借鉴作用，不能生搬硬套西方的对话教学方式。尤其是直言孔子的"侍坐教育"，是民主教育的开端，"有教无类""因材施教"是孔子民主教育思想的集中体现，"侍坐"及陪伴式、无拘无束的平等交流是孔子平等、开放、个性化教育方式的高度呈现，由此反观一些国家和地区的"合作探究性为主体的课堂形式"，分明有孔子"侍坐教学"的影子，等等，都具有正本清源的意义。

这充分表明，对话教学、民主教育，不是西方教育发明和独有的，而是孔子的发明和中国古代教育的经验。类似这样的教育经验和传统，在中华优秀传统文化中还有很多很多，值得我们好好去挖掘和传承，以彰显中华优秀传统文化的时代教育价值和传世文化价值。

三是汲古拓今。《十六讲》虽然只讲孔孟老庄、阳明和先秦诸子的思想精华，但通过汲古拓今，挖掘其沉潜价值，拓展其时代作用和未来意义，对我们了解中华优秀传统文化的发生、发展、完善的历史，认识其独特性、传承价值和教育意义，自觉吸纳中华民族的核心价值观，弘扬伟大的民族精神，坚定文化自信，是有取精用宏的作用的。特别是《十六讲》通过中华优秀传统文化的主流价值观来阐述社会主义核心价值观，以此作为讲的立足点、生成点、根本点。其中贯穿着"讲仁爱、重仁本、守诚信、崇正义、尚和合、求大同"的中华优秀传统文化的基本价值内容。如孔子的"养民惠民"的惠民善政理念、孟子的"民贵君轻"的民本仁政思想，老子的"柔"哲学、孟子的"和"思想，孔子的君子之风、孟子的浩然正气、老子的自强之义、庄子的天地之气，等等，都在突出这个特征的同时，也彰显社会主义核心价值观。这些，在《十六讲》中俯拾皆是。

这种汲古拓今，昭示着中华优秀传统文化的思想精华深深影响着中华文明的历史进程，深深影响着中国人古往今来的生活，成为中国人看待世界、看待社会、看待人生的独特价值体系和社会主义核心价值体系。

四是守正创新。传承中华优秀传统文化，是守正；树立社会主义核心价值观，是创新。守正，贵在自知之明，有科学的文化自知基础，明确中国人需要中华优秀传统文化作为立德树人的基础。创新，贵在开本明新，有从自知到自觉、自信、自立、自强的价值认识和行为践履，明晰立德树人乃至国家发展、民族振兴需要核心价值观的强力支撑。

很明显，《十六讲》守正创新是很突出的。在诸子思想的融合中，通过讲孔子的"仁爱"、孟子的"爱民"、墨子的"兼爱"，阐明"无论是孔子的仁爱思想，孟子的民本思想，还是墨子的兼爱思想，都注重人的存在，将人放在第一位，以人为本，这些思想对于构建和谐社会，促进社会和谐发展具有重要意义"，这种创新，赋予传统文化勃勃的生命力。尤其是在讲"规矩"中，将传统文化的相关内容融合起来，具体入微地阐述"规矩"是中华传统文明礼仪的根基，是我们成就人生梦想的基石，是我们养成良好行为习惯的准则，是我们不偏离人生航向的保证。大胆将中华优秀传统文化作为人们的生命基因，融入人们的现实生活，化为人们的日常要求，变为人们的行为准则。这种守正创新，实际上就是引导我们每一个人，在积极的践履中，自觉传承中华优秀传统文化，弘扬中华民族伟大精神。

厚德载物、文以载道，是中华优秀传统文化的思想特色；刚健有为、自强不息，是中华民族伟大精神的人格特征。《十六讲》展现的就是这种思想特色和人格特征，每一个读者都可以从中找到自觉教育的精神家园，获得丰富、有益的开示。

难能可贵的是，作者是一位富有经验的中学语文名师，长期以来坚定不移地用中华优秀传统文化支撑语文课程、教学改革，形成独一无二的"真性情语文"教学特色，引领一方的语文教学，功德至伟，价值无量，值得广大教师学习和借鉴。敬佩之余，写了上面的学习感言，是为序。

许序修

2020 年 12 月 26 日于厦门

目　录
CONTENTS

第二讲

孔子的仁、礼之道

孔子为恢复周礼奔波劳碌，周游列国，饱尝艰辛，备受困窘。面对礼崩乐坏的时代，他提出礼乐治天下的思想，试图修整礼乐，他认为"不学礼，无以立"，一个人不学礼就很难立身于社会。孔子在齐国闻《韶》乐，"三月不知肉味"，就是因为相传《韶》乐是古代歌颂虞舜的一种乐舞，孔子认为《韶》乐"尽美矣，又尽善也"，尽善尽美，这是孔子追求的理想治国境界。孔子的礼乐思想并不是空洞的理论概念，而是有鲜明的针对性和明确的观点的，他通过具体的生活体验构建了自己的思想体系。他主张从"孝悌"开始，要治理好一个国，首先要治理好一个家，从孝敬父母，尊敬兄长开始。他认为治理国家要从施行仁政开始，主张实行"善政"，要养民惠民，不要肆意使用老百姓，主张治国以德，治国以礼。在个人修养上，他以"道"为最高的标准，宁愿杀身成仁，"朝闻道夕死可矣"。本讲座围绕孔子礼乐思想及仁的主张进行，了解礼乐的作用以及如何依礼治理天下。

1. "孝"难吗？

"孝悌"是中国传统文化的基本内容，也是儒家提倡的基本道德范畴，孔子、孟子对孝悌有了更加确切的诠释，"孝"就是尽心奉养和顺从父母，"悌"就是敬爱兄长。

孔子的弟子有子说："君子务本，本立而道生。孝弟也者，其为仁之本与！"（《论语·学而》）意思是君子务实于根本，根本建立了，道也就有了。孝顺父母，尊敬兄长，这就是仁的根本呀。仁是孔子哲学思想的最高标准，他以孝悌为仁的根本，可见孝悌在儒家学派创始人这里具有很高的地位，子曰："弟子入则孝，出则弟……"（《论语·学而》）意思是弟子在家中要孝敬父母，出门在外要尊敬年长于自己的人。

孔子赋予了孝悌更具体的内容。他说："父母在，不远游，游必有方。"（《论语·里仁》）意思是父母在世，不出远门，如果要出远门，必须有一定的去处。这是免于父母为自己担忧，父母对子女的担忧和牵挂是永恒的，当然在现代社会里，随着信息的发达，交通的便捷，父母的这种担忧就越来越小了。子曰："父母之年，不可不知也。一则以喜，一则以惧。"（《论语·里仁》）作为子女，要知道父母的生辰八字，一则是因此而喜悦，一则是因此而担忧。喜悦的是自己不忘记父母的养育之恩，时刻把父母记挂在心上，以孝敬奉养父母为乐事；担忧的是父母年事已高，"树欲静而风不止，子欲养而亲不待"，这是子女最大的担忧。作为最基本的道德准则，懂得孝悌的人也不会随意危害社会，对社会的长治久安也是有好处的。

孝悌思想发展到亚圣孟子，有了更具体的内涵。孟子追本溯源，认为古代名君"尧、舜之道，孝弟而已矣。子服尧之服，诵尧之言，行尧之行，是尧而已矣"（《孟子·告子下》），他将尧、舜之道归结为"孝弟"二字，告诉人们孝悌并不难，"人皆可以为尧舜"，只要你言行习惯上向尧学习，你就可以成为尧了，古代名君是可学而致的。

孟子在孔子观点的基础上，将孝悌的内容更加具体化，他认为不孝有五个方面。

> 孟子曰："世俗所谓不孝者五：惰其四支，不顾父母之养，一不孝也；博弈好饮酒，不顾父母之养，二不孝也；好货财，私妻子，不顾父母之养，三不孝也；从耳目之欲，以为父母戮，四不孝也；好勇斗狠，以危父母，五不孝也。"（《孟子·离娄下》）

孟子认为不孝的情况有五种：四肢懒惰，不管赡养父母，这是第一种；酗酒聚赌，不管赡养父母，这是第二种；贪图钱财，只顾老婆孩子，不赡养父母，这是第三种；放纵声色享乐，使父母感到羞辱，这是第四种；逞勇好斗，连累父母，这是第五种。直到现在，这些对父母不孝的戒律依然是对后人的警示，惰、酒、赌、贪、色、斗等这些行为依然是社会的危害，家庭的灾难，孝就是要克制这些不良行为，尽量减少父母对自己的担忧以及对父母的损害。

"孝"难吗？其实说难也难，孔子的弟子子夏问什么是孝道，孔子回答说："色难。"侍奉父母经常保持和颜悦色最难。对待父母要真心实意，力争做到和颜悦色。孟子归纳的通常对待父母需要注意的五种行为，需要引起注意。说不难也不难，那就是要改正自己的一些不良习惯，不让父母担忧，更不让父母蒙受耻辱。

孝悌是传统文化的根本，从尧、舜到孔、孟，都受到高度重视，到了一些朝代强调以孝治天下，孝成为统治阶级治理天下的工具，得到了进一步弘扬和传承。随着时代发展，尽管孝悌思想体系中也有一些糟粕，有愚孝的思想，但绵延几千年，这种思想里仍然有许多积极的成分，需要我们批判地继承，对于精华发扬光大，对于糟粕需要扬弃，让中华优秀传统文化在民族复兴中熠熠生辉。

2. 孔子"仁"思想解读

"仁"是孔子思想的核心，是衡量君子的道德标准，一个人觉醒的标志就是具备了仁，这一思想在孔子这里就是人要有仁爱之心。

孔子的弟子颜回问夫子怎样才能达到仁的境界，夫子的回答简洁明了，子曰："克己复礼为仁。一日克己复礼，天下归仁焉。为仁由己，而由人乎哉？"颜渊曰："请问其目。"子曰："非礼勿视，非礼勿听，非礼勿言，非礼勿动。"（《论语·颜渊》）孔子的解释是克制自己，一切都照着礼的要求去做，这就是仁。就是克制自己的私心，实行周礼，并且还具体到了实行礼的条目，那就是不符合礼的不去看，不去听，不去说，不去做。这则语录讨论的是关于"仁"的话题，夫子给出了明确的做法和路径。这里的礼实际就是夫子的仁爱思想，这是人生命高度自觉的表现，而制约"仁"实现的痼疾就是人内心的私欲。实行仁应分两步，首先就是克己，去私欲，除私心，排杂念，私心杂念最难除，人常说："人不为己，天诛地灭"。私欲是顽疾，王阳明先生说："去山中贼易，去心中贼难"。其次，就是回到礼的要求上去，按礼行使，具体就是"四勿"，对于不符合礼的事不看，不听，不传，不做，用正义来约束自己。

"仁"究竟有多重要，值得一个人至死不渝地追求？夫子教导弟子"杀身以成仁"，就是为了仁，宁可牺牲生命，可见仁在儒家思想中所占地位的重要性，就是对人要亲善、仁爱。

实行仁的关键是践行。孔子的弟子曾子曰："士不可以不弘毅，任重而道远。仁以为己任，不亦重乎？死而后已，不亦远乎？"就是士以仁为己任，因此具有更重的责任与担当。曾子努力践行夫子"仁"的思想，提出了更加严苛的要求，作为当时读书人阶层的士人，的确没有高的社会地位和大的权利，但他却肩负重任，任重道远，应当具有博大的胸怀，长远的目光，坚毅的品格，并且一生追求仁，至死不渝。

"仁"就在细微处。具备仁不是要有什么大的行为举动，而是要从细微的言谈举止做起，子曰："巧言令色，鲜矣仁。"（《论语·学而》）就是不可有"巧言令色"之言之容，即故意说讨好别人的话，故意表现出美好的脸色，违心做事。关键就是对"巧"和"令"的理解，就是"巧妙"和"美好"的意思，再附之以"故意"，也就是心口不一，表里不一。这就为我们的为人处世提出了忠告，一则自己不能为达到某种目的而有意讨好别人，赢得别人欢心；二则要有辨别地识别别人对自己的美言美颜，不为假象所迷惑。孔子精短的言论给我们以警醒，要达到仁的境界，就需要在"内在上"下功夫，加强内在的锤炼修炼，在"心"上下功夫，练内功，练真功，让自己变得真正强大，而不是以花言巧语，哗众取宠，博得别人的欢心。另外，对别人的美言美语应善辨，兼听则明，偏听则暗，不可迷失方向，应坚定自己内心的那份执着，完善自己的仁德。

实行仁贵在坚持。"仁"是孔子所倡导的道德行为的至高境界，是孔子哲学思想的最高范畴，是其伦理道德的准则。子曰："回也，其心三月不违仁；其余，则日月至焉而已矣。"这则语录，夫子认为弟子中坚守仁最持久的就是颜回，而其余的则只能坚持短的时间。做事贵持之以恒，水滴石穿，绳锯木断都是恒心所至，孟子云："人皆可为尧舜。"是鼓励人人向善。我们做事应始于仁，行于仁，终于仁，一切行动不违仁，仁是道德追求，也是道德底线，关键就是怎样守护仁。

我们做事往往有始无终，半途而废，一个小小的坚持，往往会助我们成功，持之以恒是生命高度自觉的表现。子曰："不仁者不可以久处约，不可以长处乐。仁者安仁，知者利仁。"（《论语·里仁》）孔子告诉人们应当向仁者智者的方向努力，这是做人的目标，因为一个人如果不仁不智，他就不可以长久处于贫困之中，不可以处于安乐的环境之中，他不会约束自己的行为，会做出犯上作乱之事，会损害他人利益。

真正达到生命高度自觉的人，他会安于仁德，利于他人，会以宽厚之风灵动之气呈现自己高尚的人格，他能一贯把持自己高尚的人格，不因贫困、利益、权势而改变。孔子认为自己的弟子中最贤德的人是颜回，他住在简陋的街巷，吃着粗糙的饭菜，仍然能不改其乐，老师以有这样高度生命自觉的弟子而自豪。孟子也说："贫贱不能移"，就是处于困顿的境地不动摇自己的做人底线，不做苟且之事，己欲立而立人，己欲达而达人。

孔子将仁者之德比作山，"仁者乐山"，山，峻高挺拔，巍峨雄奇，沉稳庄严。山有山的沉稳，山能善纳万物，具有博大的情怀，它能容纳自然的花草树木，不拒自然的风霜雨雪，宽怀大度地对待自然中的"忧"，能及时化解，无忧无虑，处变不惊，始终乐观旷达，具有仁者气度。山如长者，可以凭依如靠山。仁者如山，厚重博大，内涵丰富，仁慈而能容万物于一体，容瀑布自山体而降，纳溪流潺潺作响，百花竞相吐艳，高树俏拔林立，百鸟相和畅鸣，容万物，包万象，兼容并包。仁者以厚为本，厚重，厚道，宽厚，实乃君子之风。

3. 孔子儒学之"道"浅解

"道"是中国传统文化的标志之一。先秦诸子用"道"承载自己的学说主张，形成了不同的宗"道"文化。孔子作为儒家思想的开山鼻祖，视"道"为生命，一生追随，子曰："朝闻道，夕死可矣。"（《论语·里仁》）即使早晨明白了道，晚上死去也是值得的。孔子关于"道"的论述贯穿于《论语》的始终，"道"的思想是孔子所有思想的核心。那么孔子的道包含哪些内容呢？

"道"作为一个词，其基本的含义是道路、道理、道德、道义等。孔子利用这个词的基本含义，巧妙地加以延伸拓展，将"道"确定为人生的志向，子曰："志于道，据于德，依于仁，游于艺。"（《论语·述而》）道至上，将道贯穿于自己心中，提出了自己的主张。反观《论语》，囊括了仁、义、礼、智、信、忠、孝、温、良、恭、俭、让等，内容驳杂而丰富，涵盖面广。但仔细探究会发现，孔子的道包含了治学、修身和治道三个方面内容。

治学是立身之本。面对纷繁芜杂的社会，孔子认识到学的重要性，学以致用。《论语》第一篇就提出学习的重要性，"有朋自远方来，不亦乐乎"，视有志同道合的人从远方来为人生乐事，自己也是"吾十有五而志于学"，从小就立下了一心向学的志向，学为立道之先，学为立道之本。他倡导学习，躬行不辍，教育弟子终身学习，批评不好学的弟子，极力褒扬好学的弟子，当鲁哀公问他哪位弟子最好学时，他极力推崇颜回，且对他的早逝表示深深的遗憾。好学是君子之人不断提升自己修为的直接途径。孔子在谈到弟子颜回时说："贤哉回也，一箪食，一瓢饮，在陋巷，人不堪其忧，回也不改其乐。贤哉回也"，君子之人在加强自己修养与对待物质生活享受上，他更注重前者。吃得不求很丰富，住得不求很舒适，做事机敏谨慎，时常到有道的人那里去对照反省自己的错误，极其注重修炼自己的品行，这样才算是真正的好学。

修身是孔子"道"的主要内容。孔子倡导用礼乐治理天下，其思想的核心是礼，对礼的达成他提出"克己复礼"，即克制自己，使自己的言行符合礼的规定，对于不符合礼规定的东西不去看，不去听，不去说，不去做。他说："君子学道则爱人，小人学道则易使也。"（《论语·阳货》）这里的"道"就是礼乐，管理者接受了教育就懂得宽容和仁慈，更能够爱人，老百姓接受了教育就能明辨是非，懂得规矩的道理，就能更好地用他们做事。这则语录赋予了道也就是礼乐以神奇的作用，他认为治国以礼，他在与弟子谈论治国理想时，曾点的理想社会是暮春时节，人们有衣穿，大人们带着孩子到沂水边洗个澡，陶醉在春天和暖的阳光与和煦的春风里，唱着歌归来，夫子赞赏曾点，因为曾点所描述的正是夫子理想中的社会，远离战争饥饿，亲善和谐，就是夫子礼乐治天下的理想境界。为政以礼的治民思想在语录中多有体现，子曰："道之以德，齐之以礼，有耻且格。"（《论语·为政》）这则语录也是其礼乐治天下思想的集中反映，"以德""以礼"，就是用道德和礼仪教化百姓，百姓就会有耻辱感。这其实就是亚圣孟子民本思想的起源，统治者应当以德以礼来教化老百姓，不可一味地用严酷的刑法来制约百姓。

孔子对弟子说"吾道一以贯之"，是说他的道是由一个基本的思想贯穿始终的，这个"道"就是"忠恕"。子贡问他有一个字终身实践它的吗？他的回答就是"恕"，夫子对恕的解释就是"己所不欲，勿施于人"，通俗解释就是用自己的心推想别人的心，这实际上就是夫子仁的思想核心。"仁"就是推己及人，在家懂得孝悌，善事父母，善事兄长；对外要具备仁爱思想。

儒道的另一含义就是治道。在夫子的言论中，多次提到"邦有道""邦无道""天下有道"等概念，这里所提到的道，是说国家的政治符合最高的和最好的原则。孔子所处的时代是春秋末年，社会动荡，礼崩乐坏，天下到处都是像洪水一样混乱的情形，孔子失去官位，与弟子周游列国，仪封人请求把自己引见给孔子，他说"天下之无道也久矣，天将以夫子为木铎"，他认为天下混乱至极，上天将借孔子来宣扬大道，将拯救天下混乱局面的希望寄托于孔子。孔子将国家的治理寄希望于统治者，他认为统治者应该"为政以德，譬如北辰，居其所，而众星共之"（《论语·为政》），统治者应该不断加强自身修养，以道德进行统治，像北极星那样，高悬空中，熠熠闪烁，众星捧之。在当时复杂的社会环境下，寄希望于为政者的自律，从道德层面进行约束，也是一种无奈之举，但至少可以作为历代统治者执政的参考。

是什么让夫子朝思暮想，日夜追随？是什么让夫子始终不渝，至死不悔？这就是"道"。"道"是什么？道就是规律，是万事万物运行的法则，是人类社会演变过程中所总结出的有意义有价值的东西。夫子穷尽一生去追随道，作为一个有生命个体的人，就是修身齐家治国平天下。夫子周游列国是为道，夫子办学授徒是为道，夫子日三省吾身是为道。

"道"不是一个个体，而是由诸多元素共同组成了的道。道不是呼之即来的，而是要有正心诚意去追随的。道是需要用一生追求，生死相依的。道是孝悌，道是仁义礼智信，道是忠恕，更是己所不欲勿施于人。

孔子有这样一则语录，可以确切地作为我这一讲座的收束。子曰："笃信好学，守死善道。危邦不入，乱邦不居。天下有道则见，无道则隐。邦有道，贫且贱焉，耻也；邦无道，富且贵焉，耻也。"（《论语·泰伯》）这则语录包含了以上陈述的三个观点，即笃信好学，为立身之道；坚守善道，为修身之道；休戚与共，为治国之道。其中善道涵盖了加强自身修养的礼乐之道，忠恕之道，仁义之道，并且一个人的贫富贵贱都应与国家命运息息相关，应积极入世，知不可为而为之，这是一种积极的思想，也是孔子道思想的核心内容。

4. 治国以礼

孔子倡导礼乐治天下，希望恢复周礼，赞颂尧、舜等圣君贤相，崇尚景仰他们的礼制思想，主张为国以德，为国以礼，反对用暴力惩治老百姓，对统治者提出了更高的要求。

作为统治者，其施政的关键就是要以身作则，端其形，正其心。季康子问孔子如何治理国家，孔子回答说："政者，正也。子帅以正，孰敢不正？"（《论语·颜渊》）孔子将施政的"政"理解为"正"，施政者走得端，行得正，谁还敢不走正道呢？

那"正"到底怎样理解呢？"正"就是指人的行为正派、正直、公正。《礼记》中提到修身的八条目，其中正心是修身、齐家、治国、平天下的先决条件。作为统治者，有了正心，就会有公德心，就会去私欲。子曰："其身正，不令而行；其身不正，虽令不从。"（《论语·子路》）如果自身行为端正，不用发布命令，事情也能推行得通；如果本身不端正，就是发布了命令，百姓也不会听从。人们常说"上梁不正下梁歪"，统治者就是老百姓的榜样，统治者一身正气，两袖清风，就会给老百姓作出表率。"正"所发挥的作用又何止施政，父母的端行是子女的榜样，老师的端行是学生的表率。为人师，言必信，行必果，用正能量影响学生，教育学生，化育学生，潜移默化就会产生影响。

人常言家国天下，其实家国一理，家是最小国，国是千万家。有人问孔子为什么不从事政治，孔子引用《尚书》中的语言谈自己的为政之道，作为一个人，做好了孝悌之事，孝敬父母，友爱兄弟，把这种风气带到政治上去，也算是为政了。换言之，只有懂得孝悌之事，才有资格谈为政之道。可见为政不是一个狭隘的概念，一个人做好了自己分内之事，不管是否做了官都算是为政了。官职有大小之分，但为政无职业之别，天下兴亡匹夫有责，只要我们认真做好一件件小事，这种风气就会影响感染到他人，从而影响社会，也算是为社会做了贡献。

治国以孝为本，孝悌思想是儒家思想的起源，这种思想对后世统治者治理国家起到了重要作用，晋代以孝治天下，如李密的《陈情表》就是抓住了这一思想，才上书皇帝，不愿出仕为官，愿乞终养祖母。作为民族礼仪的大同思想，现在还应取其精华，发扬光大。

那么，怎样为政才算治理的好呢？孔子对弟子说"为政以礼"，就是用礼乐去教化百姓。子曰："道之以政，齐之以刑，民免而无耻；道之以德，齐之以礼，有耻且格。"（《论语·为政》）这则语录反映了孔子为政以德，为政以礼的治民思想，也是其礼乐治天下思想的集中反映。两种不同的治理方法，具有两种孑然相反的结果。"以政""以刑"，就是用政令用刑法约束，其结果是百姓失去廉耻之心；"以德""以礼"，就是用道德和礼仪教化百姓，其结果就是百姓有耻辱感。在孔子看来，礼仪教化是治理社会的根本，教化的最终目的就是让老百姓有耻辱感，守规矩，这其实就是亚圣孟子民本思想的起源，统治者应当以德以礼来教化老百姓，不可一味地用严酷的刑法来制约百姓，这种思想到现在仍然具有借鉴意义。

第二讲

孔子的君子之道

君子是孔子理想人格的体现，君子之风、君子之交、正人君子，这些概念总会给人以磊落、诚挚、正派之感。君子原是统治阶级的代名词，而孔子赋予君子更为广泛的含义，君子不器，君子坦荡荡，君子怀德，君子喻于义，君子和而不同，君子泰而不骄，君子周而不比，君子求诸己，君子固穷等等，君子是美好品德的化身，孔子并没有定义君子是什么，而是展现君子应该有的样子，为君子画像，我们应当仿效这个画像去塑造自己，告诉人们怎样做君子。孔子将君子具象化，君子是与小人相对而存在的，君子并非玄而又玄、不可企及的，君子就是在日常生活起居中产生的，是在生活琐事中塑造自己形象的，并且是日积月累毫不苟且。在长期的修炼中，君子具备了与常人不一样的品质，君子具有高尚的人格、品德，具有不同的生死观、义利观、道义观、交往观，君子遇到困窘能坚守道义，不蝇营狗苟，苟且偷生，君子善于检查反省自己，这的确难能可贵。这一讲通过对《论语》中大量语录的解释理解，梳理出君子形象的本来样子，为我们塑造人格，学做君子提供参考。

5. 我们怎样做君子？

《论语》中多次出现"君子"的概念，君子是孔子修身处世的最高道德标准，是孔子心目中的完美形象，在孔子的心目中，君子究竟具有怎样的形象呢？

君子有怎样的扮相？

孔子的扮相给人们做出了君子的样子，他有三变："望之俨然，即之也温，听其言也厉"。就是说君子看上去很严肃，接近了却很温和，听其说话又觉得非常准确与犀利。这便是认识君子的三个过程：起初严肃，接近温和，交流谈吐不俗，洞察问题敏锐，语言犀利。君子之人不苟言笑，不同流俗，不喜交接俗人，若有志趣相投者，愿倾情交流。

君子之人的扮相严而不失其温，彬彬有礼，温文尔雅。

君子有怎样的日常起居？

子曰："居处恭，执事敬，与人忠。"意思是平常在家规规矩矩，办事严肃认真，待人忠心诚意。君子之人的操守是一贯的，这是长期修炼而成的，在家中他严守规矩不随便，是家人的表率；办事认真不苟且，让人放心；待人一片诚心不相欺，用诚心赢得别人青睐。

君子人人可做，小事成就君子。

君子怎样对待穷苦？

子曰："君子固穷，小人穷斯滥矣。"意思是君子坚守穷困，小人穷困便会胡作非为。"穷"在这里解释为"困窘，窘迫，穷困"，君子与小人对待"穷"具有两种不同态度，孔子拿君子和小人面对"穷困"的不同态度做比较，君子遇到"穷"能够固守道德底线，在穷苦的考验面前，能坚守自我，小人则不然。

君子之人面对穷困能固守道德底线，具有极高的操守。

君子怎样对待事？

子曰："君子求诸己，小人求诸人。""君子坦荡荡，小人长戚戚。"君子遇事依靠自己且心胸宽广，小人遇事责求别人且经常忧愁。君子之人勇于担当，心胸宽阔，处变不惊，遇到问题分析原因，找方法，不一味推卸责任。君子之人能加强自我内心反省，大气做人，坦荡做事，内心不会有担忧惧怕。

君子之人心胸宽广，遇事靠自己，勇于担当。

君子应有怎样的气质？

子曰："文质彬彬，然后君子。"讲的是内在本质与外在修饰比例恰当，然后才可以成为君子。子曰："君子泰而不骄，小人骄而不泰。"意思是君子平和大方而不自高自大，小人自高自大而不平和大方。君子之人深知学海无涯天外有天的道理，所以君子很注重自己的形象塑造，并不断加强自身修养，即质朴而又要有文饰，大方而又不自高自大。

君子之人处世总能注意分寸，恰如其分。

做人做君子，做事如君子。君子并非遥不可及，日常练就君子，小事成就君子，大事考验君子。君子的立身行事是世人的楷模。

6. 对举观君子

《论语》中有许多对"君子"的阐释，孔子没有说君子是什么，像什么，而是通过与"小人"的对比，使得君子的形象更加明晰可见。

一、君子与小人有不同的道义观

"义"是我国古代哲学家讨论的话题，儒家思想的核心理念中就有"义"，"义"的含义是合宜的道德、行为或道理，在儒家思想中，义与利是相对立而存在的，君子坚守道义，鄙弃利益。

子曰："君子喻于义，小人喻于利。"（《论语·里仁》）

【译文】孔子说："君子所明白的是道义，小人所明白的是利益。"

子曰："君子怀德，小人怀土；君子怀刑，小人怀惠。"（《论语·里仁》）

【译文】君子心怀德行，小人心怀土地；君子心怀刑罚，小人心怀利益。

子路曰："君子尚勇乎？"子曰："君子义以为上。君子有勇而无义为乱，小人有勇而无义为盗。"（《论语·阳货》）

【译文】子路问："在位者应该崇尚英勇吗？"孔子说："在位者应该把义看作最重要的。在位者如果有勇而无义，就会作乱；民众如果有勇而无义，就会做盗贼。"

以上三则涉及"义"的话题，第一则是君子与小人对待"义"和"利"的不同态度。第二则为君子想念的是道德的约束和法律的公正，小人想念的是物质财富、利益恩惠。第三则讲义与勇的关系，强调义的重要性。君子正道直行，坚守道义，因此铁肩担道义已成为以民族大义为己任的仁人志士所坚守的信条。

二、君子与小人有不同的心胸节操

君子之人坦荡从容，小人之人忧愁悲伤，君子胸怀宽广，小人小肚鸡肠。

子曰："君子坦荡荡，小人长戚戚。"（《论语·述而》）
【译文】孔子说："君子坦荡从容，小人忧愁、抱怨。"

子曰："君子固穷，小人穷斯滥矣。"《论语·卫灵公》
【译文】孔子说："君子穷困，依然固守节操和本分，小人身处逆境，就无所不为了。"

度量就是指能宽容的限度，一个人的度量有大有小，君子襟怀坦荡，能坚守穷困，面对困境，能坚守不移。"不迁怒，不贰过"，即不把自己的怒气发泄到别人身上，面对同样的问题不犯两次错误。孔子认为弟子中最贤德的人就是颜回,颜回能以住简陋的街巷,吃粗糙的饭食为乐,颜回和一般人最大的区别就是他能坚守困境,不改变志向,面对同样的处境,小人可能就会偷盗劫掠。人们经常说量小非君子,君子并非郁郁寡欢,君子有雅量,有气度,能容人,违背道义的事君子不为。

三、君子与小人有不同的处世原则

处世是一门学问,也是一门哲学。恃才傲物、蝇营狗苟、结党营私、追名逐利、党同伐异都是处世的原则,人处于世,总是要与人打交道,孔子以君子与小人的处世之道对举,可见出君子的处世哲学。

子曰:"君子周而不比,小人比而不周。"(《论语·为政》)

【译文】孔子说:"君子合群但不相互勾结,小人相互勾结但不合群。"

子曰:"君子和而不同,小人同而不和。"(《论语·子路》)

【译文】孔子说:"君子与众人和谐相处但不附和别人,小人附和别人但不能与众人和谐相处。"

子曰:"君子矜而不争,群而不党。"(《论语·卫灵公》)

【译文】孔子说:"君子有所坚持但不与人相争,与人团结但不结党营私。"

君子并非远离尘世,离群而居,不食人间烟火,君子处于人世间,"合""和"是其处世之道,合群而不勾结,与别人和谐相处,有自己的坚持而不结党营私。君子并不是高高在上，不可接触的，君子是容易相处的，乐于将自己融入集体之中。君子有自己的处世原则，有坚守，有主见，不做墙头草，水中萍，随风摇摆。君子更不会结党营私、拉帮结派。君子有自己的操守，为了道义，宁为玉碎，不为瓦全。

四、君子与小人有不同的待人接物方式

待人接物见修养，处于世间，总有不和谐的音符，有人傲慢无礼，有人得理不饶人，有人求全责备，而君子却有着不同的待人接物方式。

子曰："君子泰而不骄，小人骄而不泰。"（《论语·子路》）

【译文】孔子说："君子安定而不骄横，小人骄横而不安定。"

子曰："君子求诸己，小人求诸人。"（《论语·卫灵公》）

【译文】孔子说："君子总是遇到问题从自己身上找原因，小人总是从别人身上找原因。"

子曰："君子易事而难说也。说之不以道，不说也。及其使人也，器之。小人难事而易说也。说之虽不以道，说也。及其使人也，求备焉。"（《论语·子路》）

【译文】君子很容易与人相处共事，但难以取得他的欢喜。不按正道去讨他喜欢，他是不会喜欢的。君子使用人，总是量才而用。与小人相处共事很难，但容易取得他的欢喜。不按正道去讨他的欢喜，他会高兴的。等到他使用人的时候，总是求全责备。

君子凡事向内求，孟子曰："行有不得，反求诸己。"事情做不好，人际关系紧张，应从自身找原因，反躬自省，而小人则不愿意反省自我，千方百计找客观原因，推卸责任。君子不骄横，君子之人有傲骨而无傲气，待人处事安泰，和颜悦色，君子容易与人相处但也难以取悦于他人。他待人平和，处事公平，具有极强的原则性，他选用人才量才为用，听其言，观其行，不会被花言巧语所迷惑，对于那些以不正当手段博取君子喜欢或信任的人，君子不齿。因此，君子与人相处不傲慢，不苟且，依品行用人，依才能用人，充满正能量。

7. 孔子的高足颜渊

　　孔子弟子三千，成名者七十二，孔子为什么认为颜回最贤德？颜回有哪些优秀品质值得老师推崇？时至今日，颜回能给人们怎样的思考？

　　颜回姓颜名回，字子渊，是孔子的得意门生，可惜英年早逝，死时年仅 31 岁。颜渊去世，孔子呼天抢地，悲痛欲绝，他反复悲叹"唉！老天爷真是要我的命呀！老天爷真是要我的命呀！"

　　儒家十分看重对德行的培养，孔子曰："君子怀德。"君子想念的是道德，并且说为政以德，处理政事能够依靠道德，孔子在谈到自己德行好的弟子时首推颜渊。德的具体内容就是孝悌、忠恕、仁义等。颜回十分敬重老师，孔子曾说"回也视予犹父也"，对待老师如父亲，听其言，信其道。

　　　子曰："贤哉回也，一箪食，一瓢饮，在陋巷，人不堪其忧，
　　回也不改其乐。贤哉回也。"（《论语·雍也》）

　　孔子对颜回这位弟子疼爱有加，几句话反复赞叹颜回是多么贤德的人啊！一箪饭，一瓢水，住在简陋的小屋里，别人都忍受不了这种穷苦，颜回却没有改变他好学的乐趣。粗糙的饭食，简陋的居住，都不能改变颜回的初衷，这个初衷就是好学，颜回的这些品质也正好印证了老师的

主张。

子曰:"君子食无求饱,居无求安,敏于事而慎于言,就有道而正焉,可谓好学也已。"(《论语·学而》)

这则语录意思是君子之人,吃的不要求饱足,居住不要求舒适,做事敏捷,说话谨慎,到有道的人那里去匡正自己,这样,可以说是好学了。居不求安,食不求饱,追随道而不辍,乐此不疲,这是孔子及其弟子颜回共同的追求,孔子曾说,吃粗粮,喝冷水,弯着胳膊来做枕头,这样做自己很快乐。颜回以求学为乐,是一个好学的弟子。

哀公问孔子,弟子中谁最好学?孔子不假思索地回答是颜回,说他"不迁怒,不贰过",就是不把对此人的怒气发泄到彼人身上,不犯同样的错误,夫子从两个层面肯定了颜回的好学,一方面有涵养,是非分明,有控制力,这是从德行方面肯定颜回;另一方面有学识,学习专心,认真修行,这是从学习方面肯定颜回。让我们看到他好学德为先,好学行为贵,将"德"与"行"有机融合在一起。

孔子曾说,自己整天给颜回讲课,但他从来不给自己提出不同的问题,像个蠢人,而私下考察颜回的言论时,发现他对自己讲授的内容有所发挥,可见他一点也不蠢。可见颜回的学习专心致志,且有所发挥。颜回的学习除专心之外,还善于思考,融会贯通。孔子让子贡与颜回比较看谁更优秀,子贡坦言自己比不上颜回,他说颜回知道一件事就可以推知十件事,而自己知道一件事只能推知两件事。可见颜回是深得老师厚爱和同学佩服的优秀学生,他深入领会了老师教授的"举一反三"的道理。

　　孔子深爱颜回这个弟子，甚至与自己相提并论，有一次他对颜渊说，有人用到我，我就去做；不用我，我就隐藏起来。只有我和你才能这样做吧！与老师相差三十岁的颜回，如此老道、沉稳，做事不急不躁，有涵养，得到了老师高度赞扬。这一切都归于颜回的潜心好学，对自己仁德的修炼。

　　　　子曰："回也，其心三月不违仁，其余则日月至焉而已矣。"（《论语·雍也》）

　　这则语录孔子认为颜回这个人，他的心可以在长时间内不违反仁德，其余的学生则只能在短时间内做到这些而已。"仁德"是儒家追求的至高境界，颜回具有极强自持力，他努力践行老师倡导的"仁"思想，坚持不懈，实在难能可贵，值得褒扬。

　　人们经常说"师傅引进门，修行在个人"，颜回就是一个典范。他把夫子的"君子怀德"放在首位，以德为先，很好领会了老师"食无求饱，居无求安"的实质，加强自身修养，将"德"与"行"，"德"与"仁"很好结合起来，将"学"看作一生的修行。他与老师的关系亦师亦父，亦师亦友，堪称有情父子，良师益友，为后学之楷模。

8. 坦荡荡的孔子

儒家学派创始人孔子对君子的概念有多种阐释，共同构成了其思想的内核。子曰："君子坦荡荡，小人长戚戚。"（《论语·述而》）意思是君子心胸宽广，小人经常忧愁。君子与小人是相对比而存在的，君子待人虔诚，不计私利，具有一颗坦诚的心。说的更直白一点就是君子待人坦荡真诚，不掩饰自己的情感，不隐瞒自己的观点。

人们往往有一种错觉，一提到"夫子"，就会和不通世故，传统、守旧、迂腐联系起来，也似乎自然而然会和孔子联系起来。事实上，孔子是一个情感丰富、敢爱敢恨而又具有极大包容心的人。

子曰："大哉，尧之为君也！巍巍乎！唯天为大，唯尧则之。荡荡乎！民无能名焉。巍巍乎，其有成功也。焕乎！其有文章。"

（《论语·泰伯》）

孔子说："真伟大呀，尧这样的君主。多么崇高呀！唯有天最高最大，只有尧的才德能与天的高大相匹配。多么广大呀！百姓简直不知道该怎样来称赞他。多么崇高呀！他的功绩。多么光辉呀！他制定的礼仪制度！"

孔子懂得欣赏，他并不是一个傲慢的人，他往上欣赏尧、舜、禹等古代名君，极力赞美古代先王，推崇他们的治政思想，他说，尧和舜得到天下是多么崇高呀！他用一些能充分表达自己情感的词语赞颂他们。往下欣赏自己的弟子，他教育弟子时尽量营造一种宽松和谐的环境，启发引导弟子，循循善诱，让弟子消除因年龄、身份等原因而造成的隔阂，用一颗坦诚的心与弟子交流，与弟子建立了深厚的友谊。孔子去见卫灵公的夫人南子，这个人淫乱放荡，把持朝政，名声不好，孔子的弟子子路很不高兴，孔子就对子路发誓，如果我做了不正当的事，就让上天厌弃我吧！言外之意就是身正不怕影子斜。孔子有自己的为人操守，能袒露自己的胸怀，秉持自己的做人原则。弟子伯牛患了恶疾，孔子前去看望，一再感叹道，这样德行好的人竟然会得这样的病，表示深深的惋惜。他对弟子的欣赏直截了当，颜渊是孔子最得意的弟子，子曰："贤哉，回也！"称赞颜回能过一般人不愿过的艰苦生活而不改其乐，认为他品德好，上进心强，可以成为自己道的传承人。颜渊不幸去世，孔子说："噫！天丧予！天丧予！哎！老天要我的命啊！老天要我的命啊！"他哭得极其悲痛，跟在身边的人说他哀痛过度了，他说不为这个人悲伤又为谁悲伤呢？其痛心疾首，难以言表。

孔子是个坦荡的人，他爱憎分明，有所爱，也有所恨。"仲尼曰：'始作俑者，其无后乎。'"（《孟子·梁惠王上》）孔子认为开始用木俑来陪葬的人，该会断子绝孙吧！他反对用俑来陪葬，就是因为木俑像人形，孔子诅咒这种人，重视生命的存在。这个成语的意思是比喻第一个做某项坏事的人或恶劣风气的创始人。孔子疼爱弟子有加，但也批评那些上进心不强的弟子。孔子的弟子宰予白天睡懒觉，孔子批评道："朽木不可雕也，粪土之墙不可圬也。"（《论语·公冶长》）意思是腐朽的木头无法雕刻，粪土之墙是不必粉刷的，夫子认为宰予是一个不可教育的学生，这是对一个不知珍惜时光的弟子的严苛批评。

孔子是一个情感丰富的人，他以自己的学识和德行赢得了弟子的尊重和爱戴。他率真地构筑自己的理想世界，"知其不可而为之"；他敢爱敢恨，"和而不同"。他赞叹过，哀伤过，痛惋过，嗔怒过，甚至绝望过，他让人高山仰止，《论语·述而》里对他有这样一句评价："子温而厉，威而不猛，恭而安"，孔子温和而又严肃，威严而不凶猛，庄重而又安详。他是一位长者，一位师长，一位朋友，他的修养达到完美境地，温和、安详中透着威严、庄重，让人觉得既和蔼可亲，又威严不可侵犯，这是做人的最高境界。

第三讲

孔子的教育观

孔子是教育家，孔子的教育是完整的教育，他的教育是教育理论与教育实践的有机结合，他将学习看作是修身之本，"古之学者为己"，即古人将学习看作是加强自身修养的途径，他提出的许多关于为学的理论表面看起来是碎片化的，但却贯穿于学的始终。《论语》第一则就提出"学而时习之"，将学习与实践紧紧结合起来，学以致用，抓住了学的本质，跨越两千多年，他的许多教育理论依然具有先进性、指导性，为后世教育所采纳。例如"温故而知新"，是讲学习中反复的重要性；"三人行必有我师焉"，是讲学习知识的广泛性；"敏而好学，不耻下问"，是讲谦虚好学的必要性；"学而不厌，诲人不倦"，是讲终身学习、教诲别人是教师一生的追求。学思结合，才能久远；举一反三，触类旁通，是启发式教学的开端。教育实践中孔子身体力行，成就了其侍坐教育的风格，以对话教学为主，师生平等，循循善诱。本讲座围绕孔子教育思想，触及孔子的家庭教育、对话式教学、侍坐教育等内容，探索其教育思想的现代价值。

9. 孔子的家庭教育观

    家庭是人生的起点，家庭教育也是人生的第一课堂，从某些程度讲，家庭教育决定了人一生的成败。儒家学派的创始人孔子倾其一生致力于教授弟子，历时几千年，其教育思想依然熠熠生辉，光照史册。一切教育的原点都是从家庭开始的，人的第一所学校在家庭，第一任老师是父母，人的启蒙教育在家庭，家庭是一个人个性、品格形成的地方，那么，孔子有怎样的家庭教育观呢？

    初读《论语》，觉得孔子谈家庭教育的文字并不多，甚至会觉得夫子不食人间烟火，但仔细研读时发现，孔子不但重视家庭教育，而且细致到了柴米油盐酱醋茶。比如他在《论语·乡党》中谈到"十不吃"，即粮食陈旧变味不吃，鱼和肉不新鲜不吃，食物颜色变了不吃，对烹调、佐料、肉蔬、荤素、饮酒等都提出了要求，这些知识对于人的养生都是有益处的，特别提到"（肉）割不正，不食"，即肉切得不方正不吃。在另一则语录中他还说"席不正，不坐"，就是席子放得不端正不坐。从以上语录可知这是夫子对生命的敬畏，同时也是其正直品格的体现。夫子将养生之道与完善人格很好结合起来，也就是培养自己的高尚人格，要从生活中的点点滴滴做起，在生活中培养正直品格。

    孔子极其重视养成教育，在养成教育中培养"礼"。子曰："食不语，寝不言。"吃饭时、睡觉时不说话，这一方面是健康的需要，专心致志地去享受自然的馈赠和生命的需求，吃得香，睡得安，就会提高生活的质量，产生愉悦心情，这就是好习惯带来的福利。这当然也是对生命的敬畏，在《论语·乡党》另一则语录中，孔子谈到，即是粗米饭蔬菜汤，吃前也要取一些来祭祖，表情一定像斋戒时那样严肃恭敬，这样就由对习惯的培养上升到对礼仪的追求，孔子倡导礼乐治天下，礼是应当从生活中来培养的。孔子的弟子子夏教育学生："当洒扫应对进退则可矣"（《论语·子张》)，即要早起去做打扫和迎送客人的事情，这也成为后来幼学教育的主要内容，"洒扫"是习惯培养的过程，古人云"一屋不扫何以扫天下"，古人洒扫庭院、迎送客人，是家庭教育最基本的内容，也是家庭礼仪教育的开始，夫子进而将这种礼仪推广到对他人的尊重，他在行乡饮酒的礼仪结束后，一定让老年人先走，然后自己才离开，这就是对长者的尊重，夫子身体力行做出了榜样。

孔子对其子女的教育是有明确目标的，那就是知书识礼，孔子先后两次问从庭院中经过的儿子孔鲤，问他是否学《诗》，是否学礼，儿子的回答是没有学，孔子说："不学诗，无以言"，"不学礼，无以立。"（《论语·季氏》）即不学诗就不懂得怎么说话，不学礼就不懂得怎么立身，于是孔鲤回去就学《诗》、学礼。孔子治家以礼，治国以礼，他说："兴于《诗》，立于礼，成于乐。"《论语·泰伯》意思是一个人的修养从学《诗》开始，在学《礼》中学会自立，完成于学乐，"礼"构成了其思想的主要内容。

孔子家庭教育的核心是"孝悌"，孝悌是孔子特别提倡的基本道德规范，善事父母叫"孝"，善事兄长叫"悌"，体现的是家庭的基本伦理。作为子女，不能忘记父母的养育之恩，要时刻把父母记挂在心上，《论语·里仁》有这样两则语录，一则为，子曰："父母在，不远游，游必有方。"父母在世，不出远门，如果要出远门，必须有一定的去处，这是免于父母的牵挂和担心。另一则为，子曰："父母之年，不可不知也。一则以喜，一则以惧。"作为子女，应当知道父母的年龄，一则是因此而喜悦，一则是因此而担忧，喜的是父母身体还健康，忧的是父母年事已高，更为忧虑的是父母的疾病，担心子欲养而亲不待，子女以孝敬奉养父母为最大的乐事。孔子也思虑赡养父母时的难处，他说"色难"。子女对待父母最难的就是一直保持和颜悦色，人常说久病床前无孝子，用恒久之心来赡养父母才是最可贵的。子女面对父母的错误要委婉地劝说，不能让父母过于生气。随着时代的发展，社会的进步，家庭更趋于民主化，子女与父母的关系是一种自由、民主、平等的关系，但孔子的孝悌思想依然有许多值得弘扬和借鉴的地方。

孔子的孝悌思想不局限于一家一族，而是将其推及到对待他人，甚至治理国家方面。子曰："弟子入则孝，出则弟"，即年轻人在家要孝顺父母，出门在外要敬重年长的人。他的弟子有子说，一个人如果懂得孝顺父母，尊重兄长，那么就很少有喜欢犯上作乱的，这种思想在一些朝代中被统治者用以治理天下。

家庭是社会的基本组成单位，孔子由家庭入手，从养成教育、生活起居、礼仪教育、孝悌之道等几个方面阐释了自己的家庭教育思想，从而将这种思想推及到对待他人和治国理政上。随着社会的进步，虽然个别一些观念已经落后了，但家庭作为人生的出发点，其思想的引导依然具有重要意义，值得我们不断地去继承和发扬。

10. 孔子的内省法则

孔子的语录中有许多"自""己"这样的字眼，深入挖掘，耐人寻味，和这两个字有关系的如自私自利、利己主义、一己之私等，都是我们所批判的以自我为中心的行为，孔子也是以"自我"为中心的，但他的自我却有另一层蕴含，那就是自省、自悟、自觉，这是孔子的一种内省法则，是为人处世的基本法则。

内省法则是自我修炼的方法，子曰："见贤思齐焉，见不贤而内自省也。"（《论语·里仁》）即见到贤德之人就要想着和他看齐，见到不贤德的人，就要自我反省自己是否也有同样的缺点。儒家倡导自我反省，孟子曾经说"行有不得，反求诸己"（《孟子·离娄上》），做事如果达不到预期效果，就应该反过来检查自己，从自身去寻找原因。通常做事不能达到预期目的，更多的人可能会怨天尤人，抱怨命运不公，一味地去找客观原因，就是不愿从自身找主观原因，反躬自省。孔子的自省法则不仅体现在做事上，还体现在自我修炼、与人交往、做学问、为政等诸多方面。

孔子的弟子颜渊问老师怎样做才是仁，孔子回答说"克己复礼为仁"，就是克制自己的私欲，一切都照着礼的要求去做就是仁。仁是孔子思想的核心内容，仁由礼来维护，仁是内在的，礼是外在的，二者要达到协调一致，就要克制自己。人人都会有私欲，就是自私自利之心，人不为己天诛地灭，自私自利是人本性中的一部分，要去私欲，就要"克己"，在自身上下功夫，反省自己，克制自己，约束自己，修己达人，远离那些不符合礼要求的东西，向内求，剔除那些有悖于礼的私心杂念，这样才能回到仁上。

孔子的内省法则还体现在"向外"上，其实向内和向外都是约束自己。孔子的弟子子贡问老师，有没有一个字可以终身实践它呢？老师不假思索地回答说"其'恕'乎！己所不欲，勿施于人"（《论语·卫灵公》），这一个字就是"恕"，后一句是对"恕"的解释。那么这个"恕"到底有怎样的含义，可以让一个人终身去奉行。"恕"就是用自己的心推想别人的心，推己及人，自己不愿意做的事不要强加给别人，这是处理好人际关系的准则，可以消除别人对自己的怨恨，化解仇恨，缓和矛盾。孔子在另一则语录中也表达了这一意思，子曰："躬自厚而薄责于人，则远怨矣。"（《论语·卫灵公》）就是一个人如果多责备自己少责备别人，就会远离怨恨，多责己，少怨人，多去找自身原因，严于律己，宽以待人，这是处理好人际关系的原则。

有了内省外恕还不够，作为一个人要自立于社会还应自强自励，孔子经常问弟子，你们经常抱怨没有人了解你，假如有一天有人了解你，让你去做事，你们打算怎么做呢？这句提问触及到了问题的实质，也就是你有怎样的才能？夫子在另一则语录中做了回答，子曰："君子病无能焉，不病人之不己知也。"（《论语·卫灵公》）意思是君子只怕自己没有才能，不怕别人不知道自己。因此，一个人最大的自觉就是要自立自强，孔子用形象的比喻说明内强素质的重要性，子曰："工欲善其事，必先利其器。"（《论语·卫灵公》）意思是一个工匠要做好工程，一定要先磨砺好工具。那么，一个人要想自立于社会，有用武之地，必须要锻炼好自己的才能，孔子是这样说的，也是这样做的，他身体力行，经常"发愤忘食，乐以忘忧"（《论语·述而》），以求知为乐，到了忘记吃饭、忘记忧愁的地步。

"自"可以搭配出好多词语，有褒义的，也有贬义的，取其积极的一面，就是自省、自悟、自觉，进行自我反省、自我认知、自我成长，这个过程也许很漫长，但只要坚持不懈，终能达到目的。

11. 对话式教学探微

课堂对话是师生双边活动必不可少的环节，是对话式教学的主要因素，也是课堂评价和诊断的主要内容。课堂对话是围绕问题而展开的，包括教师对学生的提问，学生对老师的提问，学生对学生的提问，教学是围绕问题而开展的双边活动。

"对话"作为重要的教学手段具有悠久的历史，早在先秦时期，孔子主要采用对话式教学，孔子经常与弟子展开双向对话交流，比如在《子路、曾皙、冉有、公西华侍坐》篇中（《论语·先进》），孔子对弟子说："不要以为我年龄比你们大就不敢说了，你们平时常说'没有人了解我呀！'假如有人了解你们，那么你们打算怎么做呢？"孔子的提问首先消除了年龄的代沟，打消弟子们的顾虑，营造了宽松平等的谈话氛围，然后弟子们才畅所欲言，各自谈自己的治国理想，这构成了其侍坐教育的主要内容。

在课堂教学中，师生关系是最主要的关系，孔子侍坐教育倡导师生关系平等，教育发展到了科举时代，严苛大于宽松，等级大于平等，古代老师被称为"西席"，是旧时家塾教师的代称，老师居西而面东为尊。特别在明清科举时代，师生之间的等级更加森严，制度更加严苛，学生坐着或跪着听课，跪着向老师请教问题，若有违反校规要受到严厉惩戒。

近现代以来，西方民主思想传入，教育中坐姿的变化由原来的跪姿、坐姿变为现在的与老师面对面的坐姿。坐的方式更加尊重了人性，更加舒适，但这种坐的方式还是属于讲授式，老师教授，学生接受。其弊端就是容易使课堂陷于一言堂、满堂灌或填鸭式课堂教学，师讲生听，师问生答，或生问师答，教学交流单一化、交流深度广度不够，开放度不够。

课堂是师生交流的主渠道，教学交流应该是多样化的交流，就课堂内部而言，包括师生对话，生生对话，师生与文本的对话；就课堂外部而言，包括老师自我对话（教学反思），学生自我对话（温故知新），师生与外部世界的对话（阅读、实践、体验、感受、领悟等）。随着教育方式的变革和对人才培养的需求变化，基于情境问题导向的合作学习、互动学习、探究式学习已成为课堂教学主渠道，以老师为主导，以学生为主体，以问题为驱动，采用合作学习，探究学习，满足学生多样化、个性化学习需求。

课堂是师生平等交流的场所，课堂提问是课堂教学的有机组成部分，课堂教学的质量从某种意义上也取决于课堂提问的质量。课堂中的对话主要是师生的问答，教师"问"的艺术决定着"教"的质量。

人们通常说"学问"，就是指学识水平，例如"世事洞明皆学问，人情练达即文章"。（曹雪芹）其实这个词语出《易·乾》："君子学以聚之，问以辩之。""学问"是两个词，即"学习"和"询问"，君子通过学习来积累知识，通过讨论来明辨事理。《中庸》里有"博学之，审问之，慎思之，明辨之，笃行之"。就是学习要广泛涉猎，有针对性地提问请教，学会周全地思考，形成清晰的判断力，用学习得来的知识和思想指导实践。讲了由"学"到"行"的五个过程，即学、问、思、辨、行。要想学成，就要在学中问，问中学，不懂要问，请教别人。

那么，学生什么时间问，老师什么时间解释，我国教育家孔子给出了答案。孔子很注重培养学生的问题意识。子曰："不愤不启，不悱不发。举一隅不以三隅反，则不复也。"（《论语·述而》）这就是孔子的"启发式"教育思想。孔子对学生教育的"启""发"的前提条件是"愤""悱"，即不到学生冥思苦想仍然领会不了，想说又不能明确说出来时不去启发他，也就是老师一定要让学生自己思，自己想，自己说，充分发挥学习的主体作用。交给学生一个方面的东西，学生要能推知其他方面的东西，这与叶圣陶先生的"教是为了不教"的观点是一脉相承的。"举一隅"是"教"，"反三隅"是"不教"，这是一个由知识转化为能力的过程，就是举一反三，触类旁通。

对话式教学倡导民主、平等、交流，孔子的这一教学方法对于引领新时代教育具有极好的借鉴作用。

12. 侍坐教育：中国民主教育的开端（一）

　　"侍坐"一词出自《论语·先进》篇中《子路、曾皙、冉有、公西华侍坐》一章，其意思就是在尊长近旁陪坐，即孔子的弟子陪侍老师坐着。追溯中国教育之源，应该是从商周时代就有了学校，商代的学校叫"序"，周代的学校叫"庠"，有了学校就有了规模教育，而大规模的教育应该是从孔子开始的。《史记·孔子世家》记载："孔子以诗、书、礼、乐教，弟子盖三千焉，身通六艺者七十有二人。"孔子弟子之多，达三千余人，按照当时的办学条件，估计一生亲授三千余弟子的可能性不大，应该是短期的学习班，孔子的弟子应该包括其弟子及再传弟子，可见儒学的影响力。

　　作为思想家、教育家、儒家学派创始人，孔子倾其一生致力于教育，他民主教育的集中体现就是有教无类，因材施教。我们平常更多关注的是孔子教育的内容、教育的方法及影响力，却很少关注他教育的方式，孔子教育的方式就是"侍坐"。《论语》是一部对话语录体著作，记录孔子及弟子的言行，反映孔子的治世、礼仪、处世、教育等思想。孔子的侍坐教育有这样的特点，一种情况是弟子陪伴老师坐着，另一种是老师坐着，弟子陪侍在旁边，无论是哪种形式，都是一种陪伴式教育，相传杏坛为孔子聚徒授业讲学处。孔子的许多思想都是与弟子交流中产生的，而侍坐则是很好的交流方式，可以营造平等交流的和谐环境。这种平地而坐的教育方式后来逐渐演变为有了三尺讲台，老师坐在台上，学生坐在台下，由原来的平地而坐的簇拥式变为台上台下的分离式，这一简单变化虽然能突出老师地位的神圣，但似乎无形中拉开了老师和学生的距离，交流方式也发生了变化，由原来的平等交流变为居高临下的有距离的交流。

有一种交流的形式叫圆桌会议，指围绕圆桌举行的会议，这种会议不设主席位置，也没有随从位置，是指一种平等对话的协商会议形式，人人平等。圆桌会议更多用于政治或外交场合，单就交流方式而言，与孔子的侍坐教育有相似之处，它试图打破人与人交流的壁垒，不带有某种色彩，营造平等和谐的交流氛围。《子路、曾皙、冉有、公西华侍坐》章中，孔子与弟子谈话尽量打消弟子们的顾虑，对弟子们说，你们不要因我的年纪比你们长而不敢说话，和谐气氛的营造使得弟子们放下包袱，各言其志，这也是侍坐教育的开始，其特点是：坐的形式是簇拥式，围坐于周围，便于平等交流；交流的方式是对话式，教育有针对性，便于因材施教；交流的内容集中，围绕一个话题，各言其志。这种教育方式具有平等、开放、个性化特点，具有问题意识和针对性，有学生观点的表达，也有老师的引领。而"师讲生受"式教育源于古代，延续到现在，其特点主要是：坐的形式是师上生下的面对面式，地位有主次；交流的方式是讲授式，以教师的讲解传授为主；教学内容具有大众化色彩，缺乏个性化。这种教育方式具有普适性，个性化不足，交流的平等性不够，开放性欠缺，比较适合大众化教育，往往是用一种模式培养众多学生。

随着教育方式的变革和对人才培养的需求，基于情境问题导向的合作学习、互动学习、探究式学习已成为课堂教学主渠道，于是，一些国家和地区的教育者更加关注教室内的变革，打造教室文化，课桌的摆放采用探究式形式，根据学生兴趣、爱好、互补等原则分为若干个合作学习小组，形成班级内部学习共同体，学生将在互学互进、互帮互助、互相激励中共同提高，小组与小组之间形成良性竞争。反观这种以合作探究式为主体的课堂形式，不难发现有孔子侍坐教学的影子，学生簇拥在老师周围，以老师为主导，以学生为主体，以问题为驱动，采用合作学习，探究学习，满足学生多样化、个性化学习需求。

13. 侍坐教育：中国民主教育的开端（二）

　　孔子是著名的思想家、教育家，被后世尊为"万世师表"，孔子在长期的教育事业中，不断实践，不断探索，不断总结，形成了自己的教育理论体系，为中国乃至世界教育做出了杰出贡献。

一、孔子民主教育的出发点

　　孔子所处的时代为春秋末期，能接受教育的仅仅是部分奴隶主阶级，奴隶主为了维护自己的统治，希望在本阶级内部能出现更多人才。就是在这样的背景下，孔子在杏坛之下聚众讲学，他施行"有教无类"的办学主张，不受地位、身份、年龄、贤愚等的限制，广收门徒，得而育之，这是中国大众化教育的开始，也是民主教育的开始。孔子招收弟子的门槛低，子曰："自行束脩以上，吾未尝无诲焉。"（《论语·述而》）意思是只要拿出十束干肉来，当作见面礼，什么人我都教。打破了只有贵族子弟才可以上学的先例，他的弟子中有与自己年龄相仿的颜路，也有比自己小二十几岁的曾点；有身居陋巷，不改其乐的颜回，也有性格豪爽，好勇过人的子路；有聪慧过人，能言善辩的子贡，也有懒惰懵懂，朽木不可雕的宰予。孔子认为人是需要后天教育的，子曰："性相近也，习相远也。"（《论语·阳货》）孔子认为，人的本性是相近的，由于习染不同而渐渐有了差别，强调了后天教育的重要性。孔子的弟子子夏说"仕而优则学，学而优则仕"（《论语·子张》），做官有余力，那就可以去学习礼乐等治国安邦的知识；学习还有余力，就可以去做官从政。子夏的这一观点代表了孔子办教育的目的，做官与学习相辅相成，互为条件，互相促进。孔子周游列国，希望国君能采纳自己的治国主张，但处处碰壁，于是退而集中兴办教育，也希望通过弟子去传播自己礼乐治天下的思想。

基于以上分析，孔子兴办教育的目的有三，其一是时代发展的需求，把学习有成就的学生选拔出去做官，维护奴隶主统治。其二是人性的需求，人从出生本性相近，但熏陶渐染有了变化，因此需要教育。其三是孔子自身的需求，孔子所处的时代礼崩乐坏，因此想通过兴办教育传播自己的治国主张。

二、孔子民主教育的内容

孔子民主教育的内容包括教育理论和教育实践，孔子经过长期教育实践，总结出一套完整的教育理论，理论与实践达到了完美结合。

（一）道德教育

孔子始终把道德品质教育放在第一位，他说"君子怀德"，君子心怀道德，在道、德、仁、艺几者中，孔子给予了明确的指向，子曰："志于道，据于德，依于仁，游于艺。"（《论语·述而》）他告诉我们应该以道为指向，以德为根据，以仁为凭借，在六艺的范围内活动，"德"是做事的根据，符合德的要求就去做，不符合德的要求就不去做。他提倡修养道德、反躬自省，子曰："见贤思齐焉，见不贤而内自省也。"（《论语·里仁》）看到品德高尚的人就向他们看齐，看到品德低下的人就应当反省自己是否有类似的错误。孔子对德行高尚的人大加赞赏，他称赞颜回是个贤者，能忍受孤独与贫穷。他对那些德行低下的人疾恶如仇，他痛恨那些用俑作陪葬的人，"仲尼曰：'始作俑者，其无后乎！'为其象人而用之也。"（《孟子·梁惠王上》）孔子咒骂那个最开始制作木俑来陪葬的人，他应该断子绝孙，因为它像人形而用来陪葬。孔子的言论，有很多都是教人谦恭谨慎、懂得礼仪、勤俭节约、交友识人、教人向善的，要人们通过学习，成为有仁德之人、君子之人。

（二）教育理论

孔子为了实现自己的教育目的，确立了以"六艺"为核心的教学内容，包括礼、乐、射、御、书、数，六种学问技能中"礼乐"代表了自己礼乐治天下的治国思想，他希望弟子们能够学好西周的礼，从政为天下。孔子曾教育儿子孔鲤"不学礼，无以立"，就是说一个人如果不学礼，就难以立身处世，懂得礼仪是一个人自立于社会的根本。"乐"辅助于"礼"，"子在齐闻《韶》，三月不知肉味，曰：'不图为乐之至于斯也！'"（《论语·述而》）孔子在齐国听到了《韶》乐，很长时间忘记了肉的滋味，他说，想不到《韶》乐的美达到了这样美妙的地步。孔子崇尚尧舜的孝悌之治，《韶》乐就是舜时的曲目，他赞誉其尽善尽美，和平高雅，是"雅乐"，坚决排斥那些浮靡不正派的淫声。孔子用礼乐的形式表达出自己的政治主张和教育目的，是一种高雅的教育形式。"射"是射箭，是最基本的生存技能。"御"是驾驭马车，孔子带着弟子周游列国，宣传自己的治国主张，驾车作为一种技术是必不可少的。"书"是书写，包括书写功底和认识文字，这是作为一个学生必备的技能。"数"是数字，是指记数账目一类的技能。

孔子以"六艺"作为教学目标，规定了学生必备的六种学问技能，对学生进行全面培养，涉及三个方面，即"礼乐"是治世的最高要求，为从事政治活动打基础；"射御"是基本生活技能，为从事游说活动打基础；"书数"是基本学习技能，服务于日常事务。依据"六艺"培养学生，孔子弟子三千，贤者七十二，他又将这些弟子分为"四科十哲"，依据德行、言语、政事、文学方面特长将弟子分别为四类，"德行：颜渊，闵子骞，冉伯牛，仲弓。言语：宰我，子贡。政事：冉有，季路。文学：子游，子夏。"（《论语·先进》）

（三）教育实践

孔子是教育理论家，更是一位教育实践家，他自小爱学习，拜郯子、苌弘、师襄、老聃为师，广泛学习，博采众长，子曰："三人行，则必有我师。"不耻下问，改变了狭隘的拜师学艺的观念。他身体力行，"学而不厌，诲人不倦"（《论语·述而》），意思是学习而不知满足，教诲别人而不知疲倦。

孔子的侍坐教育就是其教育实践的最好体现，他教育弟子做一件事首先要立志，子曰："三军可夺帅也，匹夫不可夺志也。"（《论语·子罕》）一国军队可以无主帅，但一个普通人如果失去志向则一事无成，在一军之帅和一人之志的权衡中，孔子毅然选择了志，他曾"十有五而志于学"，及早立志发奋学习。明代王阳明进一步发挥，说出"志不立，天下无可成之事"的名言，一个人要做成事必须首先立志，对后世有着极其深远的影响。有了志向，就要用行动去践行，去练就本领，孔子曾对弟子子贡说："工欲善其事，必先利其器。"（《论语·卫灵公》）用工匠打比方，工匠想把活做好，必须首先使他的工具锋利，那么作为一个有志之士，要想有所作为，必须要学习知识，练就过硬本领。孔子认为，人不是一出生就懂得道理，子曰："我非生而知之者。好古，敏以求之者也。"（《论语·述而》）自己生下来也不是天才，只是喜欢古圣贤创造的文化，机敏地去求取知识罢了。他的求知是以喜欢为出发点，以快乐为目标，子曰："知之者不如好之者，好之者不如乐之者。"（《论语·雍也》）从喜欢学到以学为乐趣，学生一旦以学习为乐趣，何愁学不好。孔子注重培养学生学习的积极性和自觉性，兴趣是最好的老师，有了兴趣并以学习为乐，成为学习的主人，为终身学习奠定基础。

三、孔子民主教育的方法

作为教育家，孔子几乎倾其一生从事教育，形成了独到的教育思想，以侍坐教育为代表的教育实践，产生了丰富的教学方法，这些教学方法经久不衰，时至今日，依然具有很好的利用价值、参考价值、研究价值。孔子教育方法之所以能够恒久地存在，是因为他以人性为出发点，尊重了教育规律，尊重了人的个体差异，形成系统多样的教育方法。

（一）有教无类的教育观

孔子提出"有教无类"的教育观，就是不分年龄大与小，个人资质智与愚，地位高与低，出身贵与贱都可以接受教育，打破了从前"学在官府""学在贵族"的等级观念，只有那些奴隶主贵族子弟才能接受教育的狭隘思想，孔子广收门徒，提出"经邦济世"的教育观，这是大众教育的开始。

（二）因材施教的育人观

孔子侍坐教育的基本出发点是因材施教，即根据学生的不同特点进行教学，经过长期与弟子相处，孔子了解了每位学生的性格、爱好、特长，他评价弟子说高柴愚直，曾参迟钝，颛孙师偏激，仲由鲁莽。了解学生是因材施教的前提，就是依据什么材，施行什么教，既不揠苗助长，也不大材小用。孔子与弟子对话，子路和冉有问老师同样的话，听到了马上就行动吗？孔子却做出了不同的回答，回答子路是有父兄在，不能马上行动，回答冉有是听到了就马上行动，另一个弟子公西华迷惑不解，孔子解释道，冉求平日做事退缩，所以我激励他；子路好勇胜人，所以我要压压他。一个胆子小一点，要为他壮胆，一个胆量过大，让他做起事来多思考，免于鲁莽，这是老师在充分了解弟子的前提下做出的指导。

（三）启发教学的教学观

孔子最早提出启发式教学，"启发式"教学方法论一直沿用至今，子曰："不愤不启，不悱不发。举一隅不以三隅反，则不复也。"（《论语·述而》）这一语录传递了以学生为主体，老师为主导的教学思想，不到学生实在想不出的时候不去开导他，不到学生想说却实在说不出来的时候不去启发他，教给他一方面的东西，却不能由此及彼想到其他方面，就不再教他。作为教与学二元体的老师与学生，老师对学生的开导、启发、教授是建立在学生的理解、表达和联想的基础之上的，学生要尽最大限度地发挥自己的潜能，成为真正的学习主体；老师要尽最大可能让学生发挥主体作用，不能包办代替学生的学习，要让学生自主消化，不能搞填鸭式、满堂灌、包办代替式教学。孔子身体力行，不断实践其启发式教学思想，弟子侍坐与其谈话，他说，"不要因我年龄比你们大就不敢说话"，打消了弟子的顾虑，尽量引导弟子发表个人言论，让弟子的观点得以充分表达。

（四）学思结合的学习观

孔子强调学与思的结合，子曰："学而不思则罔，思而不学则殆。"（《论语·为政》）孔子认为只读书学习而不思考，就会迷惑；只思考而不学习就会疑惑而无所得。学与思向来是不可分割的，学是了解新知的主要途径，思是巩固旧知，更好掌握新知的必由之路。学为思的前提，思为学的方向，学而后思，思而后更好地学。学与思两者相得益彰，一定要处理好两者之间的关系，孔子说："吾尝终日不食，终夜不寝，以思，无益，不如学也。"（《论语·卫灵公》）他说自己曾经整日不吃，整夜不睡，用来思考，这是没有益处的，不如用来学习，因此，过度地思考就是胡思乱想，过度地学习不思考就会陷入迷惑不解。孔子的这一观点在儒家另一代表荀子的《劝学》里得到了进一步阐述，荀子首先强调学习是不能停止的，在谈到学与思的关系时他说"吾尝终日而思矣，不如须臾之所学也"，整日思考不如短暂的学习有收获，学是主要的，但要辅之以思，学思结合得当，才能学有所成。

（五）温故知新的反刍观

孔子教育学生要有老老实实的学习态度，要谦虚好学，时常复习学过的知识，子曰："温故而知新，可以为师矣。"（《论语·为政》）在温习旧知识时，能有新体会新发现，就可以当老师了。他还说"学而时习之，不亦说乎"，学了又时常温习，不也是很快乐的事吗？学习就是不断反复的过程，人们都有不断获得新知识的渴望，但获得新知识一定是建立在对原有知识的不断温习回顾的基础之上的，得到新知识要以反复温习原有知识为前提，只有原有知识掌握牢固了，才能在追求新知识中有收获。

第四讲

孔子的处世之道

在处世上，面对纷繁的社会，来去匆匆的人群，每个人都有自己的处世原则。孔子有自己的处世哲学，他以积极的心态主动将自己融入社会，"知其不可而为之"，这种兼济天下的人生追求和高度的社会责任感决定了他是积极入世的。因此，孔子对自己的人生进行了规划，"三十而立，四十而不惑……"。能有这样清晰规划人生的人，其人生一定是充实的，有意义的。孔子的处世，对待自己，勤勉好学；对待弟子，宽严相济；对待朋友，择信义而交；对待众人，推己及人；对待见解相左之人，努力争取；对待社会，诚信友善。如此种种，都显示了孔子的处世原则，其弟子曾子的言论代表了他的处世原则，曾子曰："吾日三省吾身，为人谋而不忠乎？与朋友交而不信乎？传不习乎？"显示了孔子律己甚严，时常检查反省自己。孔子处世既有原则性，又有灵活性，具有高度的生命自觉与高超的处世智慧。孔子的处世之道内容丰富，本讲座只安排了一小部分内容，学习后有一个概要的了解。

14. 孔子的人生规划

子曰："吾十有五而志于学，三十而立，四十而不惑，五十而知天命，六十而耳顺，七十而从心所欲，不逾矩。"（《论语·为政》）

孔子将自己的人生归纳为六个阶段，这六个阶段由立志苦学开始，中间经历能自立于社会，做事不迷惑，能倾听各种言论，做事能得心应手，不逾规矩。六个阶段的关键词是志、立、惑、知、顺、矩，这是一个不断自我完善的过程，在孔子看来，修行是一生的事，人生应当立志，并为自己实现理想做出生涯规划。

志学之年（15岁）：立志于学习

孔子十五岁立志学习，这个年龄是人生的少年阶段，古人说"少而好学，如日出之阳"，少年是人生的黄金阶段，自古英雄出少年。近代学者梁启超在《少年中国说》中寄予少年厚望。万世师表孔子在少年时期就立下了学习的志向，并且一生好学。

孔子强调后天学习的重要性，他把学习的情况分为四等，即上等是生而知之，其次为学而知之，之后为遇到困难才去学习，最次一等是遇到困难也不学习。孔子说，自己不是生来就有知识的人，事实上生来就知道的人是不存在的，因此，人要通过后天学习改变自己。孔子勤勉好学，身体力行，他说："十室之邑，必有忠信如丘者焉，不如丘之好学也。"（《论语·公冶长》）即有十户人家的小村庄，一定有像我这样讲求忠信的人，只是不像我那样好学罢了。他坦言自己的忠信之德和才能都是学习得来的，强调了后天学习的重要性。

孔子学习的内容主要是"周礼"，他喜欢周代礼乐制度，希望恢复西周初年的礼治，他积极从事政治活动，希望将社会恢复到礼乐制度的要求上去。

而立之年（30岁）：自立于社会

三十岁是人生的自立阶段，这个阶段人的知识积淀、心智都趋于成熟，职业方向也基本确立，能够自立于社会。孔子教育儿子孔鲤说"不学礼，无以立"，不学礼就不懂得怎样立身，孔子十五岁立志学习为三十岁自立于社会做了准备。

对于"自立"的理解说法不一，有人认为是孔子三十岁时学业精进，招收了第一批弟子，开始了自己的教育生涯，收徒教学。也有人认为孔子到了三十岁专注于功名，汲汲于追求功名。也有认为根据"不学礼，无以立"，认为孔子应该是三十岁立于礼，立身行事有规矩，懂礼法，可以安身立命。

三十岁是人生一个重要的时间节点，许多人才完成学业不多几年，正处于立身、立家、立业的关键时期，是人趋于成熟，成家立业，事业稳定上升期，也是由学校这个小社会步入大社会的逐步适应期，这个年龄对于个人成长、家庭建立、社会生活等都是至关重要的。

不惑之年（40岁）：不为外物所惑

四十岁这个年龄段的人不会被外界事物所迷惑，懂得自己的追求。孔子说"智者不惑"，有智慧的人不会迷惑，那么究竟会被什么所迷惑呢？孔子和许多人一样，也会受到权力、地位、财利、美色等的诱惑，但遇到诱惑要有主见，不为外物所迷惑。

孔子与弟子的交流是坦诚的，一次他去见了卫灵公的夫人南子，这个人淫乱放荡，名声很糟，子路对老师的这一行为很不高兴，这时孔子对子路发誓说："我如果做了不符合礼的事，让上天厌弃我吧！"他坦诚地向弟子表明身正不怕影子斜，这正是它"君子坦荡荡"的表现。

面对地位财利，孔子不受所惑，不为所动。子曰："富而可求也，虽执鞭之士，吾亦为之。"可见，他认为富贵如果合乎道就可以去追求，只要是自己所喜欢的，即使下等差事自己也愿意去做。子曰："不义而富且贵，于我如浮云。"（《论语·述而》）用不正当的手段得来的富贵，对我来说就像天上的浮云一样。这就是孔子的富贵观，不符合道义的荣华富贵坚决不接受。

知命之年（50岁）：遵循自然法则

进入五十岁孔子称为知命之年，这里的"知命"并不是懂得了自己的命运是好是坏的宿命观，或者形如乐天知命，听天由命。对于"天命"的理解，子曰："天何言哉？四时行焉，百物生焉，天何言哉？"（《论语·阳货》）上天不言，遵循四时的规律，百物应时而生，这就是自然的法则。"天"有自然的意思，"天命"即自然规律、自然法则，就是说人到了五十岁，应当遵循自然法则，充分认识人类社会和自然的法则，遵循事物固有的规律，认真总结人生经验，不违抗自然法则。

五十岁是人生积累最丰富的年龄，经过年轻时的求知，到能自立于社会，再到不为外界所迷惑，进入五十岁，更加懂得自然运行的法则，怀有敬畏之心。孔子曰："君子有三畏：畏天命、畏大人、畏圣人之言。"（《论语·季氏》）孔子认为君子有三件敬畏的事情，即敬畏天命，敬畏地位高贵的人，敬畏圣人的话。人要有所敬畏，首要就是对天命的敬畏，遵循自然法则，顺应天理，做事合乎准则。

耳顺之年（60岁）：悦纳不同观点

人生进入花甲之年，孔子认为人生的状态是"耳顺"，通常解释为"不逆"，即"耳闻其声而知其微旨"，意思是一听就知道所表达的旨意。关于耳顺，向来有不同的解释，有解释为对那些于己不利的意见能正确对待，这正好体现的是孔子"躬自厚而薄责于人，则远怨矣"的处世方法，多要求自己，少要求别人，远离别人的怨恨。

耳顺是人生经验最丰富的阶段，经过大半生人生经验的积累，到了六十岁，一定是能闻其言而知其行，具有极强的判断力，是由感性上升到理性的阶段，处理问题更加理性。凭借积累的人生经验，对事物做出合理判断。孔子与弟子出行，时常受到一些隐者的讽刺与刁难，孔子秉持自己的见解，知其不可而为之，进入这个年龄，孔子有了自己判断是非曲直的标准，不再受环境左右，而是根据言语就可以判断是非真假，主动筛选和过滤信息，接纳不同观点，听取不同言论。

从心所欲不逾矩（70岁）：随心做事不逾礼仪

七十岁进入古稀之年，孔子认为进入这个年龄能随心所欲而不越出规矩，思想境界达到极高阶段。孔子一生严谨，认认真真度过人生每一阶段，即使进入人生暮年，他也不苟且，随心所欲地做事，不超越规矩。

关于"矩"的含义，孟子提出"不以规矩，不成方圆"，"规矩"就是做事的准则。孔子做事的准则应该是"礼"，他说"立于礼"，"不学礼，无以立"，就是说一个人要自立于社会一定要学习礼，这样才能达到仁。孔子认为到了七十岁，自己的内心与礼完全契合，做事完全符合礼的要求，行为完全符合礼，不逾越礼的要求。

到了七十岁，人的思想行为达到至高境界，主观意识和做人的规则融合为一，做事更加得心应手，不超出礼仪的规矩，这种积极的心态值得后人去学习。

15. 孔子的贫富观

"贫"与"富"千百年来一直是人们讨论的话题，有人嫌贫爱富，有人安贫乐道，有人为富不仁，有人视富贵如草芥。孔子的贫富观用他自己的一句话概括就是"贫而乐道，富而好礼"（《论语·学而》），即贫穷却乐于道，富贵却好礼。孔子的这句言论清晰地表明了自己对于富贵的态度，那么这个"道"到底指什么，具有如此大的吸引力？

富贵可求

> 子曰："富与贵，是人之所欲也，不以其道得之，不处也。贫与贱，是人之所恶也，不以其道得之，不去也。"（《论语·里仁》）

孔子的意思是富裕和显贵是人人都想要得到的，用不正当的方法得到它，君子之人是不会接受的。贫穷和低贱是人人所厌恶的，用不正当的手段去摆脱它，君子宁可不摆脱它。

孔子显然是不排斥富贵的，人人都希望拥有富贵，富贵是可以去追求的，关键就是要符合道，通俗地讲就是"君子爱财，取之有道"，这是人最基本的价值判断。这里的"道"可以诠释为"道义"，即正当的方法或手段，用正大光明的手段获取富贵，不偷、不抢、不坑蒙拐骗，用自己的智慧和汗水获得报酬。孔子在这里提到富贵贫贱与道的关系问题，富贵只要合乎道，就可以去追求，不合乎道，就不能去追求。

安贫乐道

> 子曰："君子食无求饱，居无求安，敏于事而慎于言。"（《论语·学而》）

孔子认为君子不追求饮食的美味可口，居住不要求安闲舒适，做事勤劳敏捷，说话小心谨慎。

孔子的富贵观是以君子的标准来衡量的，在孔子看来，君子不追求美味和居住的条件，他有更高的精神追求，这就是"道"。事实上，孔子特别注重精神追求，他主张礼乐治天下，当他去齐国听到优美动听的《韶》乐时，三月不知肉味，全神贯注到如此程度，这也正是他理想的生活方式。孔子虽然不排斥对富贵的追求，但却不以追求富贵为目的。贫困是人人都不愿意接受的，但为了维护道，宁可舍弃富贵，安于贫困，这是孔子道的底线。孔子褒奖颜回是一个贤德的弟子，他说颜回吃着简单的饭食，住在简陋偏僻的小巷子里，别人都不能忍受这种贫困，颜回却不改变他好学的乐趣。孔子之所以对颜回高度评价，就是因为颜回安于清贫，其精神追求就是"乐道"，不追求物质的满足，不改其好学之乐。

践行道义

> 子曰："饭疏食饮水，曲肱而枕之，乐亦在其中矣。不义

而富且贵，于我如浮云。"（《论语·述而》）

孔子认为，吃粗茶淡饭，弯着胳膊当枕头，乐趣也就在这中间了，用不正当的手段得来的富贵，对于自己来说就像是天上的浮云一样。

在孔子眼里，道并不是神秘莫测的东西，道就在人的普普通通的生活里，获取了道，就会带给人无尽的快乐。简简单单的生活可以给人带来乐趣，孔子鄙弃用不正当手段获得富贵的做法，君子之人在追求理想的道路上，不会淹没在不符合道义的洪流里，而是坚守正道，获得内心的平静。孔子践行道义，身体力行，不因客观环境变化而失去道义。这里有一则故事，孔子带弟子出行到陈国时断了粮食，随从的人都饿得站不起来了。子路不高兴地来见老师，说道："君子也有困窘的时候吗？"孔子说："君子固穷，小人穷斯滥矣。"（《论语·卫灵公》）即只有君子能安守穷困，小人一遇穷困就无所不为了。这就是君子与小人面对穷困的不同表现。因此，孔子说："君子谋道不谋食……忧道不忧贫"（《论语·卫灵公》），君子谋求道而不谋求食物，君子只担心道不能施行，不担心贫穷。

16. 孔子理想社会管窥

诸子百家各成思想体系，各具哲学风格。然而研读儒家孔孟之文墨，除"高山仰止，景行行止"之外，可管窥其理想社会之风貌。

《子路、曾皙、冉有、公西华侍坐》是孔子与弟子交谈的言论，是弟子各言其志的对话，一向矜持而又循循善诱的孔子在曾点谈完志向后却喟然叹曰："吾与点也"，表达了对曾皙的充分肯定。那么，曾皙到底说了什么让老师如此肯定呢？

1. 衣食足。曾皙曰："莫春者，春服既成"，即"暮春时节，春天的衣服已经穿上了"，看起来是季节交替服装更换的普通之举，但却包含了夫子的物质先行思想，夫子虽然也充分肯定"清贫乐道"的思想，如他肯定颜回："贤哉回也，一箪食，一瓢饮，居陋巷，人不堪其忧，回也不改其乐，贤哉回也！"，但这并不能代表他就"乐于清贫"，"暮春时节，春天的衣服已经穿上了"这就是夫子理想中的社会，远离战争，百姓有安全感；衣食温饱，百姓无生活之忧。男耕女织，日出而作，日落而息，儿孙绕膝，尽享天伦之乐。

2. 懂礼乐。曾皙曰："冠者五六人，童子六七人，浴乎沂，风乎舞雩，咏而归。"意思是"我和五六位成年人，六七个青少年，到沂河里洗洗澡，在舞雩台上吹吹风，一路唱着歌儿回来"，看起来普普通通，平平常常的事，但其中却包含了夫子"和谐为本质，礼乐治天下"的思想。"长幼有序"是古代的传统，成人带着未成年人去郊游，这是一种和谐；"在舞雩台上吹吹风，一路唱着歌回来"，这不是简单的生活过程，这里包含了夫子"礼乐"治天下的核心思想，"吹吹风""唱唱歌"看似平常，实则是为社稷天下大旱求雨的祭祀活动，体现了孔子礼乐治国的圣人之志，蕴含孔子追求的"大同"之世的蓝图。和谐的太平盛世是"礼乐"治天下的最高境界。夫子在教育其子孔鲤时说"不学礼，无以立"，意思是不学礼你怎么做人！懂礼是文明人区别于野蛮人的主要标志，也是社会文明进步的衡量标准之一。

3. 兴教育。到了儒家思想的集大成者孟子，对孔夫子的思想发扬光大。《寡人之于国也》是《孟子·梁惠王上》中的一章，是表现孟子"仁政"思想的文章，"谨庠序之教，申之以孝悌之义，颁白者不负戴于道路矣"，意思是"认真地兴办学校教育，把尊敬父母，敬爱兄长的道理反复讲给百姓听，那么，头发花白的老人不会背着或者顶着东西在路上行走了"。孔子重视教育，身体力行，有弟子三千，贤者七十二人。而这时的教育主要还是以拜师学习的私塾为主，教育的规模不大，受教育者不多，教育的系统性就更谈不上。到了孟子，提出了兴办学校教育的主张，并且规定了教育的内容之一是"孝悌"，就是让受教育者尊敬父母，敬爱兄长，由此而推及到尊重别人。《孟子·梁惠王上》中进一步总结为"老吾老以及人之老，幼吾幼以及人之幼"，就是赡养孝敬自己的老人从而推及到尊敬别人的老人。爱护自己的小孩从而推及到爱护别人的小孩，这就是一种仁爱教育，是一种大爱教育，是教育的根本和核心所在。社会文明进步的程度在某种意义上取决于教育的程度，目前的教育是大众化教育，这将会大大推进社会文明的进程。

4. 知荣辱。《孟子·告子上》："恻隐之心，人皆有之；羞恶之心，人皆有之；恭敬之心，人皆有之；是非之心，人皆有之。恻隐之心，仁也；羞恶之心，义也；恭敬之心，礼也；是非之心，智也。"这是孟子对其仁义礼智思想的集中阐述。一个良好社会风气的形成取决于生活在社会中的人，孟子认为人人都应有同情别人的心，知道羞耻的心，对别人恭敬的心，明辨是非的心。孟子曰："先王有不忍人之心，斯有不忍人之政矣。以不忍人之心，行不忍人之政，治天下可运之掌上。"这里的"不忍人之心"就是怜悯心、同情心，古代圣王由于有怜悯同情别人的心，所以才有怜悯同情百姓的政治。用怜悯同情别人的心情，施行怜悯同情百姓的政治，治理天下就可以像在手掌心里面运转东西一样容易了。统治者有荣辱之心，就会心系民心，权为民所用，廉洁奉公；百姓有荣辱之心，就会具公德心，助他人之困，相近相亲。

先秦另一位思想家管子也说："仓廪实而知礼节，衣食足而知荣辱。"（《管子·牧民》）意思是百姓的粮仓充足，丰衣足食，才能顾及礼仪，重视荣誉和耻辱。这一思想与孔子的思想有异曲同工之妙。管窥孔子心目中的理想社会，物质是第一位的，这是人生存的最基本需求，物质条件得到基本保障，就要用礼仪对老百姓实行教化，老百姓从而懂得是非荣辱，从而实现理想的社会。

17. 孔子的交友智慧

　　交友是个永恒的话题，古人交友有很多美好的故事。儒家学派创始人孔子对交友有独到的见解，《论语·学而》第一则就有"有朋自远方来不亦乐乎"，即有志同道合的人从远方来，不是很令人高兴吗？

　　孔子认为交友的首要条件就是能与自己志同道合，我们经常说"道不同不相为谋"。孔子交友的最基本原则是"主忠信。无友不如己者。过则勿惮改"（《论语·学而》），要以忠信为主，不要和与自己不同道的人交朋友，有了过错就别怕改正。孔子的弟子受老师的言传身教，深刻领悟，传播老师的交友思想，曾子在每日的自我反省中就有"与朋友交而不信乎？"将诚实守信作为交友的处世原则。孔子的另一弟子子夏也说"与朋友交，言而有信"，说话要讲信誉，一言既出，驷马难追，不可轻言寡信。孔子交友的前提条件就是"忠信"二字，忠信是交友的原则。

　　关于结交怎样的朋友，孔子也给出了明确回答。

　　　子曰："益者三友，损者三友。友直，友谅，友多闻，益矣。友便辟，友善柔，友便佞，损矣。"（《论语·季氏》）

　　孔子分别从三个方面阐释"益友""损友"，即有益的交友和有害的交友。与正直的人交朋友，与诚信的人交朋友，与知识广博的人交朋友，是有益的；与惯于走邪道的人交朋友，与善于阿谀奉承的人交朋友，与惯于花言巧语的人交朋友，是有害的。交益友，要正直、诚信、广博，交有一身正气的朋友，能让人一心向善；交诚实守信的朋友，能让人一诺千金；交见闻广博的朋友，能让人不断追求。这样的朋友能经受住时间的考验，正所谓孔子所言"岁寒，然后知松柏之后凋也"。然而，交损友却贻害无穷，走邪道，阿谀奉承，花言巧语，有错误不能及时发现，误入歧途不能自拔。庄子对交友也有精辟地阐释，"君子之交淡若水，小人之交甘若醴"，君子之交淡泊而心地亲近，小人之交以利相亲而利断义绝。孔子从正反两个方面告诉人们交友需谨慎。

其实孔子的交友之道有广义与狭义之分，狭义的交友就是人与人之间的交往，他的交友之道还有更广泛的含义，其弟子子夏说："四海之内，皆兄弟也"（《论语·颜渊》），这正是孔子"德不孤，必有邻"（《论语·里仁》）的思想的体现，他认为有道德的人是不会孤立的，一定会有思想一致的人与他相处。人与人之间的交往是这样，国与国之间的交往也是如此，这就是交友德为先，以礼仪相待，以诚心相待，就会建立和谐融洽的关系。真真建立君子之交，就要"君子和而不同，小人同而不和"（《论语·子路》），即君子讲求和谐融洽，又有主见，不同流合污，而小人只求完全一致，为利益而动，没有主见，互相勾结，盲目跟风。因此，交友应慎重择友，交君子之友，交志同道合之友。

关于怎样交友，孔子的弟子曾子告诉人们交友的方式，他说："君子以文会友，以友辅仁。"（《论语·颜渊》）即君子以文章学问来结交朋友，并依靠朋友帮助自己培养仁德，在相互切磋、相互勉励中修身进步。孔子的交友智慧对于建立正确的交友观，形成良好的人际关系，形成和谐融洽的社会氛围具有重要的意义。

孟子的性善之道

孟子思想的核心是"性善论"，性善论思想的基础是"人人皆可为尧舜"，这一思想既肯定了人的生命个体的存在，又体现了人的生命价值意义尊崇，是中国早期平等思想的体现。孟子认为，人人都有怜悯之心，这是与生俱来的，是人的天性，这种天性就是善的开始。性善论的基本观点是恻隐之心，这一思想的出发点就是仁，人要有仁爱之心，必须首先具备善心，这个善心就是怜悯之心、同情之心。同时孟子还提出了推恩的思想，推己及人，学会换位思考，爱护自己的孩子，从而推及到爱护别人的孩子；尊敬自己的老人，从而推及到尊敬别人的老人。"推恩足以保四海，不推恩无以保妻子"。这些理论成为统治者施政的重要参考依据，也是其性善论思想的进一步实施与拓展。当然，孟子在建构性善论思想体系的同时，也没有离开对自身思想意志的锤炼，他提出"民贵君轻"思想，主张对老百姓实行仁政，成就了其民本思想。他提出"舍生取义"，为了正义宁可牺牲生命，具有满满的正能量。本讲座对孟子性善论思想追本溯源，了解其思想的实质，同时了解其思想产生的内驱力。

18. 善之源：孟子"性善论"思想浅议

"性善论"是孟子思想的核心，孟子认为善是人先天就具备的，是人的本能。孟子打比方说，有人突然看到一个小孩掉到井里，他就会产生怜悯之心，这并不是因为他要和小孩的父母拉关系，或是在乡里博得好名声，更不是厌恶小孩的哭声才同情，这种同情心是与生俱来的，并不是因外界因素而产生的，这一思想代表了儒家人性论思想，对中国传统思想产生了深远影响。

孟子的性善论起源于尧、舜，"孟子道性善，言必称尧舜"（《孟子·滕文公上》），他说人人皆可为尧、舜，他笃定地认为尧、舜这两位古代名君就是善的起源、善的化身，并且人人都可以为尧、舜，具备善心。

孟子奉尧、舜为楷模，认为人人都有同情之心，没有同情之心就不能称作人，他将孔子的仁、义、礼、智思想进一步发扬光大，孟子曰："恻隐之心，仁也；羞恶之心，义也；恭敬之心，礼也；是非之心，智也。仁义礼智，非由外铄我也，我固有之也，弗思耳矣。"（《孟子·告子上》）他认为，有同情心，是仁的开端；有羞耻之心，是义的开端；有谦让之心，是礼的开端；有是非之心，是智的开端，仁、义、礼、智并不是从外界给我的，是我本来就有的。这是孟子性善论的核心论断，他强调了善心的原本存在性，这种同情心又是仁的开端，也就是说一个人要具备"仁"的品质，具体就是仁爱之心、仁义之心、仁德之心，必须首先具备善心，这个善心具体就是怜悯之心，同情之心。

孟子性善论思想的内容十分广博，具体体现就是仁爱之心，涉及家、国、天下等社会各个层面。

在家庭层面，提倡孝悌，要孝敬父母，尊重兄长，且要给自己的妻子、兄弟做出榜样，这是家庭和谐有序的根本。

在社会层面，主张推恩，就是推广恩德，"老吾老以及人之老，幼吾幼以及人之幼"（《孟子·梁惠王上》），即尊重自家的长辈，从而推及到尊重别人家的长辈，爱护自家的孩子，从而推及到爱护别人家的孩子，进而推及到对待鳏寡孤独这些社会弱势群体，让他们生活有所依，有所养。这种由己及人的大爱思想告诉人们爱的普遍性，突破了一家之爱的狭隘思想，具有博爱思想，这是和谐社会构建的基础。

在治国安邦层面，孟子提出民贵君轻思想，这是民本思想的雏形，也是对统治者的挑战，主张实行仁政，以民为本，这是其性善论思想的进一步体现和升华。孟子曰："人皆有不忍人之心。先王有不忍人之心，斯有不忍人之政矣。以不忍人之心，行不忍人之政，治天下可运于掌上。"（《孟子·公孙丑上》）这里的"忍人之心"就是同情心，孟子认为，作为一个统治者，要推行仁政，对老百姓有了同情心，就会有仁政，以同情心来推行仁政，天下就会很容易治理。具体到治理中，就是统治者要与民同乐，忧民之忧，与民同有，信民之言，为民父母，使百姓衣食无忧，然后设立学校，教百姓以人伦，让老百姓进一步具备善心，施行善行，结出善果，形成良好的社会风尚。

孟子用性善论引导社会进步，从而形成其"五伦"思想理念，即"父子有亲，君臣有义，夫妇有别，长幼有序，朋友有信"（《孟子·滕文公上》），这五伦就是父子之间要有血缘之亲，君臣之间要有尊卑之礼，夫妻之间要有内外之别，老少之间要有长幼之序，朋友之间要有真诚之信，这是孟子构建的其理想社会的人伦关系，是其性善论思想的归结与升华，对于建立有序的社会秩序具有重要作用，有其进步意义。但也具有浓重的时代印迹及理想化色彩，性善论支撑下的王道论很难被统治者所采纳，但几千年过去了，孟子构建的仁学思想理论体系依然牢不可破，其性善论及民本思想依然熠熠生辉，其思想中所体现的仁爱、宽容、善心、善行的观念在人类社会文明不断推进的过程中，显现出更大的价值和作用。

19. 尊儒四修为

　　孟子曰："恻隐之心，人皆有之；羞恶之心，人皆有之；恭敬之心，人皆有之；是非之心，人皆有之。恻隐之心，仁也；羞恶之心，义也；恭敬之心，礼也；是非之心，智也。"（《孟子·告子上》）

　　恻隐之心：恻隐之心是为善心，是人心中最柔软、最易触动的那一部分。恻隐之心就是具有怜悯、同情、悲悯的情怀。行走在人世间，难免遇到别人的孤独、失意、困惑、无助、无奈，是悄悄走开，还是伸出援手？佛普度众生，是悲悯人间之疾苦；古悬壶济世，谱写杏林之美谈。

　　恻隐之心就是同情心，孟子认为人的同情心是与生俱来的，是人的本能，人人都有一颗向善的心，这是人区别于动物的根本所在，是人的善心的重要组成部分。恻隐之心属于仁，由恻隐之心所实现的善就是仁。人人都可行善，这是对人的善心的积极引导，人要有了善念，就会具备善心，从而形成善行。善心要求人具有悲天悯人的情怀。屈原面对昏聩的君王，民不聊生的王朝，发出"长太息以掩涕兮，哀民生之多艰"的感喟；杜甫面对唐王朝由盛转衰，老百姓流离失所，发出"安得广厦千万间，大庇天下寒士俱欢颜"的呼唤；范仲淹胸怀天下，心忧民生，发出"先天下之忧而忧，后天下之乐而乐"的誓愿。爱民使他们的诗文更隽永，诗味更浓郁，诗意更悠长。

羞恶之心：人与禽兽的主要区别就是人有羞耻之感，人类的发展是一个由蒙昧向文明逐步进化的过程，厕所的发展演变史在某种程度上反映了人类文明的进程。厕所的演变，应当经历了随时随地，到刨坑掩埋，到围栏搭棚，到男女有别，到干净清洁的过程。厕所的名称有的叫茅房、茅厕，文雅一点的叫洗手间、卫生间。上厕所也有讲究，古代叫更衣、出恭，后来叫解手、方便、大便、小便、内急、上洗手间、去卫生间等。在对外交流中都不直言其事，而是运用隐讳的表达方式，无论是古人还是现代人，都视排泄物为不洁之秽物，因此羞于启齿。现在厕所成了人们盥洗、梳妆、洗澡、洗衣、休息的地方，"厕所革命"就是让厕所更加成为文明的窗口，社会进步的标志。

羞恶之心乃人修为之底线，与"羞"近义的词有耻、辱、臊、愧、恶等，知羞恶就可守住自己的道德底线，就会为自己修筑一条堤坝，将浊水污秽堵于堤坝之外，不受浸染，这样就会知道什么可做，什么不可做。但羞恶之心也可以是一把双刃剑，古人云：知耻而后勇。人为了那一份可贵的尊严，可以发愤图强，从被羞恶的逆境中突围崛起，做出难以想象的业绩。越王勾践卧薪尝胆实现复国梦，韩信受胯下之辱而统百万之兵，都是受羞恶而崛起的典型范例。

恭敬之心：是为礼之端也，管子曰："仓廪实而知礼节"。管子及早发现了物质与精神之关系，物质决定精神，这也成了儒圣礼乐治天下的核心思想，孔子云："不学礼，无以立。"告诉我们懂得了礼才能自立于社会。封建社会流传下来的礼瑕瑜互见，除却那些封建礼教的繁文缛节，弘扬几千年流传而经久不衰的礼仪之道，发扬光大，让其熠熠生辉。孔融让梨是为雍容礼让，三顾茅庐是为礼遇贤才，退避三舍是为先礼后兵，孝悌父兄是为长幼有礼。

恭敬之心是一种对自然的敬畏，为人处世以礼相待。人常讲：礼多人不怪。孟子有言："老吾老，以及人之老；幼吾幼，以及人之幼。"就是赡养尊敬自己的老人，从而把它推及到尊敬别人的老人；爱抚自己的孩子，从而把它推及到爱抚别人的孩子，这就是恭敬之心，以礼相待。

是非之心：是非善恶之心是处世之道，孟子曰："无是非之心，非人也。"是非之心是做人的底线，人要有最基本的区别真善美假丑恶的能力，不可做墙头草，东风大随东风，西风大随西风。"宁为玉碎，不为瓦全"的意思是宁可做玉碎而洁白，也不做瓦全而污浊。宋代诗人郑思肖的《寒菊》中有"宁可枝头抱香死，何曾吹落北风中。"借菊言志，宁可一直守在枝头，何曾被北风吹落在尘土。人在社会中，难免受是是非非纷扰，为是是非非所困扰，保持一颗初心，一颗纯洁的心，一颗坦荡的心，这是人应当固守的道德操守。

保持一颗正心，坦然面对是非纷扰。"医者仁心"是大医盛德的正心，"学高为师，身正为范"是为人师者的正心，"一身正气，两袖清风"是为官一任的正心。古人云：静坐常思己过，闲谈莫论人非。面对是非纷扰，避而远之，方不失其本心。

20. 孟子的君子之风

　　孟子是先秦时期儒家学派的主要代表，继承并发展了孔子的学说，他主张性善论，提出"民贵君轻"思想，主张对老百姓实行仁政。读孟子的言论，给人以满满的正能量，面对生与死，义与利，他提出"舍生取义"，为了道义，宁可牺牲生命，他说作为一个大丈夫，就应当顶天立地，"富贵不能淫，贫贱不能移，威武不能屈，此之谓大丈夫"（《孟子·滕文公下》），即不为荣华富贵所诱惑，不为贫贱困苦所改变，不为威胁暴力所屈服，千百年来，这似乎成了衡量大丈夫的标准，为许多仁人志士所称道。

　　孟子说："我善养吾浩然之气。"（《孟子·公孙丑上》）即我善于培养我拥有的浩然之气。这种浩然之气就是宏大刚强之气，用正义去培养这种气，这种浩然之气是由正义在内心长期积累而形成的，这种气就是君子之风，是宏大、刚强、正义、道德的代名词。君子之风是可以传递的，他说："君子之德，风也；小人之德，草也。草尚之风必偃。"（《孟子·滕文公上》）孟子形象地将贤明之人的德比作风，将小人的品德比作草，风从草上吹过，草就随风而倒。这就是君子的影响力，君子之风是正义之风，它能战胜、影响或改变非正义。在孟子看来，君子之人要固守自己的为人处世底线，不能让其溃堤，他也称道孔子的贤德弟子颜回，他说："颜子当乱世，居于陋巷，一箪食，一瓢饮，人不堪其忧，颜子不改其乐，孔子贤之。"（《孟子·离娄下》）颜回生于乱世，住在狭窄的街巷，过着别人不能忍受的苦日子，但他却自得其乐。孔子高度赞赏这个弟子，认为他是一个贤德之人，孟子也大加褒扬，这样的品格正好是孟子"贫贱不能移"思想的体现，对后世产生了极大的影响。

孟子认为，一个具有高贵品质的人他的人格是不允许践踏的，哪怕是生活在社会底层的乞丐，都是有人格尊严的。孟子说："一箪食，一豆羹，得之则生，弗得则死。呼尔而与之，行道之人弗受；蹴尔而与之，乞人不屑也。"（《孟子·告子上》）一筐饭，一碗汤，得到它便能活命，不能得到便会死亡。如果不尊重地吆喝着给别人，就是过路的饥饿之人也不会接受，如果用脚践踏后再给别人，就是乞丐也不会接受。这就是孟子的处世之道，君子不食嗟来之食，君子之人哪怕饿死，也不会吃用不尊重的方式送来的食物，一个人无论是社会地位高还是低，其人格尊严是不允许践踏的，人穷志不能短，"穷且益坚，不坠青云之志"。这就是孟子的义利观，宁可舍弃生命也要维护道义，不能失去本心。

孟子鄙弃那些为了利而不择手段的人。《孟子·离娄下》有这样一则故事，齐国有一个人，早出晚归，在外吃饱了酒肉后回家，妻子问他一块吃饭的是什么人，他说都是些富豪。妻子就纳闷了，对丈夫的妾说，按礼尚往来的习俗，怎么从来没有见有名望地位的人来我家？第二天，丈夫外出，妻子尾随其后，到了城外一个坟场，看到丈夫向扫墓的人乞讨祭祀剩下的酒食，没有吃饱，又走向另一处，这就是他吃饱喝足的办法，妻子失望地回到家对妾说，丈夫是我们一辈子的指望，而如今……这个故事用来讽刺那些不顾礼义廉耻，以卑鄙手段追求富贵显达的人。现实中的确有这样的人，为一己私利，置仁义道德不顾，这是孟子所唾弃的。

　　君子之风是浩然之气，是正义之风。翻阅君子之书，聆听先贤教诲，使我们有如坐春风之感，让我们传承文化经典，吸纳文化精髓，让正义之风吹遍大地，让浩然之气长存人间！

21. 孟子的正能量

孟子以精辟的言论规范着人们的言行，激励人们向仁向善，阅读他的语录能给人满满的正能量。

人生有富贵显达，也有窘迫潦倒，以一种怎样的心态立足于社会，这是许多人一直探讨的问题，有人知难而进，有人等待观望，有人隐遁逃匿。"士"阶层会遇到许多坎坷或不如意，有时会意志消沉，孟子关注到了这一部分人，给予他们鼓励。

> 孟子曰："故士穷不失义，达不离道……穷则独善其身，达则兼济天下。"（《孟子·尽心上》）

这是孟子权衡"穷"与"达"提出的看法，他说士困窘时不失掉义，这个"义"是处世的底线，是不可丢失的。得志时不能背离道，这个"道"就是仁道，是高压线，不可触碰。并且规定了两种境遇的处世原则，困窘时要洁身自好，保持自己的善性，得志时要帮助天下人保持善性。"得志，与民由之；不得志，独行其道"（《孟子·滕文公下》）。这是积极的处世原则，得志，就要带领民众一起走正道，不得志，自己一定要坚守正道。无论怎样，都要将自己很好融入社会之中，改变自我，改变社会。

人在遇到困难时很容易消沉、退缩，甚至消极、悲观，一蹶不振，孟子教导人们艰难困苦往往是对人意志的磨炼考验，是有大用的前奏。

孟子曰："故天将降大任于斯人也，必先苦其心志，劳其筋骨，饿其体肤，空乏其身，行拂乱其所为；所以动心忍性，曾益其所不能。"（《孟子·告子下》）

孟子认为在一个人有大用之前，必先经过使心志受到困苦的磨炼，要经过伤筋动骨、饥饿难忍、身体困乏之痛，事事有打搅，内心受煎熬，从肌肤到内心都会受到极大的挫折，是常人难以承受的。孟子的这些言论几乎成了一个人通向成功的必由之路，有时我们只看到成功时的鲜花与掌声，很难发现其迈向成功之路上的荆棘与坎坷。当然孟子给予我们更主要的信息就是对于这些艰难曲折"视如平常"，这是成功之路上必不可少的，有诗人写道："自古雄才多磨难，从来纨绔少伟男"，面对挫折视如平常的例子不胜枚举，"一蓑烟雨任平生"的苏轼，终成文学大家；"粉骨碎身浑不怕，要留清白在人间"的于谦，终成一代名臣；"乌蒙磅礴走泥丸"的毛泽东，终成开国领袖。孟子面对苦难进行积极引导，充满正能量，让人学会看待困难为平常，艰难困苦，玉汝于成。

孟子的教导几乎是耳提面命式的，他告诫士人坚守义，不离道，忍受困窘，磨炼意志，培养才干。我们经常说"男子汉大丈夫"，那么怎样的人才算大丈夫呢？我们通常的理解是顶天立地的、能独当一面的、能靠得住的、有所作为的人，孟子给出了这样的解释：

孟子曰："富贵不能淫，贫贱不能移，威武不能屈，此之

谓大丈夫。"（《孟子·滕文公下》）

富贵是人人所追求的，但富贵显达不能过分，具体就是不能腐化堕落。地位低贱不能改变自己的志向，面对别人的威势不能屈服，这就是大丈夫。做到"三不"就能成为大丈夫，大丈夫要力避骄奢淫逸，收敛自己的行为；大丈夫要力避人穷志短，用奋斗实现志向；大丈夫要力避屈身变节，不为五斗米折腰。面对生与死、义与利，孟子毅然决然以道义为重，只要符合道义，宁可牺牲生命。

孟子曰："生，亦我所欲也；义，亦我所欲也；二者不可得兼，舍生而取义者也。"（《孟子·告子上》）

千百年来，孟子极具正能量的言论激励了众多仁人志士，他们有的洁身自好，有的大义凛然，有的赴汤蹈火，有的守节不移，有的舍生取义，有的杀身成仁，他们成为民族的脊梁，让人永志不忘。

在价值观多元化的今天，人们呼唤正能量的回归，其实这些正能量并没有离我们远去，它就在我们的身边，就在我们的民族文化里，就在我们民族的血液里流淌，孟子教给了我们培养这种正能量的方法，"我善养吾浩然之气"（《孟子·告子下》），孟子擅长培养自己的浩然正气，这就是要不忘初心，坚守正道，矢志不移，不断培养浩然之气。

第六讲

孟子的修身之道

修身是儒家倡导的加强自身修养的重要条目，儒家积极入世的思想，悲天悯人的情怀历来为人们所称道。儒家的主要代表亚圣孟子十分注重加强自身修养，他说"我善养吾浩然之气"，"养气"指涵养本身的正气，这种气就是盛大刚强之气，充塞于天地之间，是善的化身，义的化身，道的化身。孟子认为仁义礼智四种品德是人本来就有的，只是人们要不断去扩大它，充实它，追求它，爱护它，千万不可放任自流，这就是"善养"的含义。修身要对内下功夫，做学问也是加强自身修养的方式，孟子说："学问之道无他，求其放心而已矣。"学问之道没有别的什么，不过就是把那失去了的本心找回来罢了。想要不失去本心，就要不断"内省"，不断反躬自省，清心寡欲，"行有不得反求诸己"，事情不能成功，就是要寻找自身原因，而不是一味责怪他人，抱怨客观条件，为自己推责，这样就会失去人和之心，导致矛盾的产生。本讲座围绕孟子修身之道，在"心"上下功夫，养内气，练内功，存仁义。

22. 孟子的"养气"之术

"气"在中国传统文化里具有特殊的含义，在《易经》、中医学、气功学中都讲究养气。儒家学派创始人孔子提出人生有三戒，少年时戒色，是因为血气未稳定；壮年时戒斗，是因为血气旺盛刚烈；老年时戒贪，是因为血气既衰。夫子从人生三个不同阶段"气"的欠、盛、衰的角度指出戒的内容及原因，成为人生修炼很好的戒条。亚圣孟子进一步发展孔子的学说，指出了养气的方法。

公孙丑问孟子擅长哪一方面，孟子回答："我知言，我善养吾浩然之气。"孟子说自己善于分辨别人的言辞，擅长培养自己浩然之气。那么孟子所说的浩然之气到底有怎样的含义呢?

孟子对这种气的解释包含三个层面的意思。其一，孟子说"其为气也，至大至刚，以直养而无害，则塞于天地之间"，是说它作为气，最盛大最刚强，是需要用正义去培养它不损害它，它就能充满天地之间。这一解释给人的感觉是作为气，它无形状，无法来形容，只是盛大而刚强，要用正义去培养，是强大而充满正能量之气。其二，"其为气也，配义与道；无是，则馁矣。是集义所生者，非义袭而取之也。"是说它作为气，是需要跟义与道相配，如果没有义与道，就萎靡不振了。这种气是积累义而产生的，不是偶然做一件合乎义的事就可以取得的。这种盛大刚正之气是需要义与道相配，朱熹在《孟子集注》中对义有这样的解释，"集义，犹言积善，盖欲事事皆合于义也"，这个解释更加清晰地说明这种气是需要用义来培养的，是一点一点日积月累产生的，这个义就是人的善心。其三，"必有事焉，而勿正，心勿忘，勿助长也。"孟子这几句话的含义是养浩然之气不可急于求成，这种气是自然而然通过长期努力养成的，一个人一定要做集义养气的事。

从以上三个层面的分析，我们对孟子善养浩然之气有了更清晰的了解，围绕"我善养吾浩然之气"，首先回答了什么是浩然之气，这种气就是盛大刚强之气。其次从正反两个方面回答了怎样善养浩然之气，这种气是需要用正义去培养，需要配以义与道，也就是说这种气是积累义而产生的。最后从反面陈述了养浩然之气的"三勿"，即勿正、勿忘、勿助长，也就是对气的培养是一个长期的过程，不断积累的过程，不要预期，不要忘记，不要揠苗助长。

亚圣的养气之术深深影响到了后世，一代代志士仁人得法于其养气之学，"气"有了正义凛然、浩气长存、不变气节等含义，气贯长虹成为正义之士的精神风貌。项羽垓下被围，四面楚歌，吟诵出"力拔山兮气盖世"的诗句，尽显男儿本色；陶渊明仰慕英雄荆轲，吟诵出"雄发指危冠，猛气冲长缨"的诗句，激扬豪迈；苏轼被贬黄州，胸襟洒脱，吟诵出"一点浩然气，千里快哉风"的诗句，大气凛然；王冕对墨梅情有独钟，吟诵出"不要人夸颜色好，只留清气满乾坤"的佳句，品质高洁；文天祥被囚元营，吟诵出"天地有正气，杂然赋流形"的诗句，正气永存。

"气"无形而有根，不具象而气场强大，盛大而刚强，辅之以直以义以道，充塞于天地之间，是善的化身、义的化身、道的化身。孟子的养气之术历久弥新，长盛不衰。

23. 孟子的"内省"法则

有一个成语叫"反躬自省"，就是一个人要经常回过头来检查反省自己的言行得失，儒家思想注重自我反省，孔子的弟子曾子说："吾日三省吾身。"（《论语·学而》）即我每天进行多次自我反省，可见"反省"是儒学门徒的必备功课。到了孟子，更加延伸了反省的内容，赋予反省更加广阔的含义。

孟子认为，君子之人之所以不同于一般人，是因为他把仁、礼放在心里，这样，他就会爱别人，尊重别人，自己也能得到别人的爱和尊重。爱与被爱，尊重与被尊重是互相的，是互为因果的。事物有主观和客观之分，主观就是自身，客观就是外界，通常人们在遇到事情的时候，往往善于分析客观原因的利与弊，忽视对主观原因的剖析。孟子更加注重向内反省，即反省自我。

> 孟子曰："爱人不亲，反其仁；治人不治，反其智；礼人不答，反其敬。行有不得者，皆反求诸己；其身正，而天下归之。"（《孟子·离娄上》）

这则语录似乎是讲给统治者听的，其实对于修身和治国都是有益处的，能帮助我们破解生活中的疑惑，孟子认为你爱护别人，别人却不亲近你，你就应反省自己是否足够仁慈；管理别人却没有管理好，你就应反省自己的智慧；你待人以礼，别人却不理睬你，你就应反省自己是否足够恭敬。最后归结为做事如果没有达到预期效果，就应反过来寻找自己的过失。这句语录如点睛之笔，让人豁然开朗，即在工作或生活中遇到问题时一定要寻找内因，内因是事物变化的根本，也就是要从自己内心下功夫。而这个内心有时是顽固不化的，明代思想家、心学集大成者王阳明认为"破山中贼易，破心中贼难"，人最大的敌人不是别人，而是自己的内心，这是孔子的"克己复礼为仁"的思想的延伸，克制自己就是要从自身下功夫，从心上下功夫，这样才能回到古代名君对礼的要求上。

孟子的内省法则不是无原则的一味自我反省，有时候可能错误就在于别人，孟子说如果有这样的人对人蛮横无理，这时候君子之人就应反省自己是否不仁，是否无礼，是否待人不忠，经过反省，自己是有仁德的，是有礼仪的，待人是忠诚的，但那人还是蛮横无理，君子就会断言那个人一定是一个狂妄的人，像这种人与禽兽有什么区别，跟禽兽又有什么计较的呢？孟子强调内省并不排除外省，就是对周围事物的判断和认知，也并非没有是非观念，君子用仁、礼、忠反复考量自己，从而得出正确的判断。孟子曰："反身而诚，乐莫大焉。"（《孟子·尽心上》）即反省自己，自己是真诚的，再没有比这更大的快乐了，这里的"诚"就是发自内心的行仁行义的行为，孟子以自己本性中具备了仁义而感到莫大的快乐。

孟子的"内省"是极好的修身法则，人难免有犯错误的时候，处理事情难免有不妥当的时候，难免有违背仁德礼仪的时候，君子之人也难免犯错，因此，就需要反省自我，勇于改过。孟子十分推崇古代的君子，他说古代的君子能知错就改，他犯的错误就如同日食月食，天下人都能见到，等他改正了错误，天下人都敬仰他。

孟子养心术的核心就是去私欲，减少个人欲望。孟子曰："养心莫善于寡欲。"（《孟子·尽心下》）寡欲就会保存一颗善心，有了这颗善心就会对人有爱心、诚心、忠心。

24. 孟子"人和之道"微观

"和"总是与音乐有很大的关联，琴瑟和鸣，音声相和，旋律和谐，声音柔和。"和"总会给人带来恰如其分、和和美美的感觉。孟子通过比较天时、地利与人和，得出"天时不如地利，地利不如人和"（《孟子·公孙丑下》）的结论，凸显"人和"的重要性，"人和"就是上下一心，团结一致的意思，可以引申为和谐、和睦、和洽、和美、和乐等。

孟子的"人和之道"就是得道者得人和，这个"道"就是正义或者仁政，人和的思想基础就是孟子的民贵君轻思想。孟子曰："得道者多助，失道者寡助。"（《孟子·公孙丑下》）就是实行仁政的人帮助支持的人就多，不施行仁爱之心帮助和支持的人就少。小到一家之主，大到一国之君，拥有正义或实行仁政，就可以实现人和。具体来讲实现人和要具备哪些要素呢？

只有把"仁"和"礼"放在心里的人才能得人和

孟子曰："君子以仁存心，以礼存心；仁者爱人，有礼者敬人。爱人者，人恒爱之；敬人者，人恒敬之。"（《孟子·离娄下》）这里的"存心"就是用心，把仁放在心里，把礼放在心里，这样有仁德的人就会怜惜别人，有礼节的人就会尊敬别人。怜惜别人的人，人们往往爱戴他，尊敬别人的人，人们往往尊敬他。"非仁无为也，非礼无行也"（《孟子·离娄下》），不合乎仁的事不做，不合乎礼的事不行。这就是用心者得人和，把仁与礼时刻装在心中，这是实现人和的前提保证。

只有善于检查反省自己的人才能得人和

实现人和，还需要不断检查反省自己，在自身上下功夫，从内因上找原因，反躬自省，而不是只注重外在原因，怨天尤人。关于这一点，孟子有客观论述，他说："爱人不亲，反其仁；治人不治，反其智；礼人不答，反其敬。行有不得者，皆反求诸己。其身正，而天下归之。"（《孟子·离娄上》）这则语录告诉人们君子之人或统治者要不断反省自己，反省自己是不是仁慈的，是否有才能，待人是不是恭敬的，这种反省不是一时一事一地的行为，而是贯穿于为人处世或国家治理的始终，任何行为如果没有取得效果，都要反过来检查反省自己，自己走的端行的正，天下人才会归顺。

只有把自己的爱心推及给别人的人才能得人和

孔子语录中有"己所不欲，勿施于人"（《论语·颜渊》），这是推己及人的待人方式，也是换位思考的方式。以个人为中心，路会越走越窄，总是站在别人的角度思考问题，就会赢得别人的尊重青睐。孟子进一步发展孔子的学说，提出了"推恩"的主张，推恩就是推广恩德，他说："故推恩，足以保四海；不推恩，无以保妻子。"（《孟子·梁惠王上》）就是推广恩德就能保天下太平，不推广恩德无法保妻子儿女平安。孟子曰："老吾老，以及人之老；幼吾幼，以及人之幼；天下可运于掌。"（《孟子·梁惠王上》）意为尊重自家的长辈，从而推及到尊重别人家的长辈；爱护自家的孩子，从而推及到爱护别人家的孩子，天下就可以轻而易举运转于掌上。

　　大千世界，人心种种，待人的方式也千奇百种，我们可能很难将自己的思想移植到别人身上，下至普通百姓，上至一国之君，可以做的就是以"道"为准绳，牢牢地将正义或仁政拥在怀中，将礼放在心里，以最大的诚心和正义对待别人。"行有不得者，皆反求诸己"（《孟子·离娄上》），做事未达到预期效果，就会反过来寻找自己的过失，而不是怨天尤人，患得患失，指责抱怨别人，这不是人和所应具有的处世态度。推己及人，时常将自己的仁爱之心推及出去，自己都不想要的坚决不要施加给别人。自己所享有的要分享给别人，不要吝啬自己的仁爱之心，这样仁爱之心就会扩大，人和精神就会发扬光大。

25. 孟子用"心"之良苦

"热肠古道"这个成语的意思是待人真诚热情，孟子是一位热心肠的思想家，他善于取譬，循循善诱，甚至是苦口婆心，将道理掰碎了给人讲，从而激发人的向善心。

孟子思想的核心是性善论，他认为人人生而平等，孟子曰："何以异于人哉？尧舜与人同耳。"（《孟子·离娄下》）孟子认为自己与常人没有什么区别，尧、舜和普通人也没有什么不同啊。孟子的道是朴素的，不是高深难以企及的，这个道的起跑线是相同的。他说："人皆有不忍人之心。"（《孟子·公孙丑上》）就是人人都有同情心，人人都会对别人的痛苦、不幸、危难觉得不忍，他进一步得出结论，每个人都有恻隐之心、羞恶之心、辞让之心、是非之心，即同情心、羞耻憎恶心、谦让心、是非心。

在《孟子·公孙丑上》章中他说："恻隐之心，仁之端也；羞恶之心，义之端也；辞让之心，礼之端也；是非之心，智之端也。人之有是四端也，犹其有四体也。"同情心、羞耻心、辞让心、是非心分别是仁、义、礼、智四个发端，人有这四个开端，就像他有四肢一样，是本来就存在的。这里就有个问题，这四种品德既然是客观存在的，是人人具备的，那还需要人去做什么呢？所以有不等于有用，孟子接着说有了这四种发端的人一定要"扩而充之矣"，就是一定要扩大充实它们，这样它们才能像火刚刚燃烧，最终形成燎原之势，像泉水开始流出，最终汇聚成大江大河，才能发挥其治家治国之用。

至此我们似乎已得到了圆满的答案，但孟子又再一次强调这"四心"是仁义礼智的"四端"，并且强调仁义礼智是人本身固有的，但"求则得之，舍则失之"，向内心追求就会得到它，不追求就会失去它，这就是有些人得到了，有些人没有得到的原因。

孟子用"心"良苦，重要的话说三遍，他在《孟子·公孙丑上》和《孟子·告子上》两章中反复强调了"四心"是人所固有的，它们分别是仁义礼智的发端，也就是说仁义礼智是从"四心"而萌芽的，这就构成了其性善论的思想基础，而性善论的核心是仁义礼智，"仁义礼智，非由外铄我也，我固有之也。"（《孟子·告子上》）他肯定仁义礼智四种品德是人本来就有的，并不是从外界给我的，是我本来就有的，那么为什么有人拥有它，有人却失去了它呢？孟子寻找到了答案，客观存在是事实，但要拥有它必须"充之""求之""存之"，就是必须扩大它，充实它，不断去追求它，耐心去爱护它，将它保存于内心，让它生长成熟。而对待仁义礼智错误的做法则是"舍之""去之""弃之"，虽具备仁义之心，但因不加修养，最终陷于堕落的境地。

从"心"上下功夫，呵护好自己内心那颗可贵的种子，让它扎根、发芽、开花、结果，让仁义的美德永驻人间。

第七讲

孟子的教育观

孟子谈教育具有系统性，他谈到教育的重要性，教育的目的，教育的意义，教育的作用，教育的方法等，其教育体系是建构在性善论基础之上的，他说："学问之道无他，求其放心而已矣。"即学问之道没有别的，就是把丧失了的良心找回来罢了。人们吃饱了，穿暖了，住的安逸了，却还没有教养，这跟禽兽也差不多。他列举了五种教育方法，他认为教育有像及时雨那样滋润万物的，有培养品德的，有培养才能的，有解答疑惑的，有以流风余韵让后世之人学习的。教育就是一种浸润，一种潜移默化，一种德才共育的过程，时至今日，这些教育思想仍然具有重要的现实意义。他认为好的治理能使老百姓取得财富，但好的教育能获得百姓的心，成为统治者重要的理政参考。孟子热爱教育，愿"得天下英才而教育之"，希望得到天下可造就之才而教育培养，表达了培养人才的迫切心情。这个讲座围绕孟子的教育观、教育思想、学问之道，阐述了孟子教育的基本观点及当代价值。

26. 孟子的教育观

孟子的教育思想广博而深邃，涉及领域广泛，包括自我教育、家庭教育、学校教育、社会教育以及统治阶级对老百姓的教育，教育的核心是教人为人处世的道理。

孟子认为人与动物的最大区别是人的受教育权，孟子曰："人之有道也，饱食、暖衣、逸居而无教，则近于禽兽。"（《孟子·滕文公上》）孟子认为，人的行为是有规范的，人们吃饱了，穿暖了，住的安逸了，却还没有教养，这跟禽兽也差不多。这句话强调了满足物质追求只是人的一种动物性，人要接受教育，这样才能区别于一般动物。孟子认为教育的内容包括"教以人伦——父子有亲，君臣有义，夫妇有别，长幼有序，朋友有信"（《孟子·滕文公上》）。就是父子之间要有亲情，君臣之间要有礼仪，夫妻之间内外有别，老少之间要有尊卑次序，朋友之间要有信义。这就是人们通常所说的"五伦"，对人要进行人伦教育，构成了孟子教育思想的主要内容。

孟子的教育观对统治者、家庭、老师、学生都提出了要求。

家庭是人的第一所学校，是启蒙教育的开始。孟母三迁的故事告诉我们孟子小时候受到了良好的家庭教育。在家庭教育方面孟子除提出人伦教育之外，他认为父子之间要有亲情，"古者易子而教之，父子之间不责善。责善则离，离则不祥莫大焉"（《孟子·离娄上》），所谓"责善",就是以善来互相要求对方。为什么孟子认为父子之间不能用"善"来要求对方呢?这里强化了亲情的可贵,"善"的可贵,不容伤害,一旦伤害,难以弥补。父子双方如果以善为理由互相责备,那么父子关系就会疏远。因此孟子建议"易子而教",就是将孩子交给别人来培养,这就是从师学习的必要性。孟子以"责善"为话题,表面看来似乎有一些逃避父亲教育的责任,实际更加传达出孟子的家庭观、亲情观,他更加强调了维系亲情、和善融洽关系的必要性,同时对家庭教育提出了更高的要求,父母是子女的第一任老师,父母的言谈举止会潜移默化影响孩子,父母要身体力行做好孩子的表率,不能让孩子责其不善,从另一方面告诉我们父母言传身教的重要性。

孟子认为,人人都有一颗善心,这是与生俱来的,只是在日常我们要呵护好它,不能让它丧失罢了。孟子曰:"学问之道无他,求其放心而已矣。"(《孟子·告子上》)即学问之道没有别的,就是把丧失了的良心找回来罢了。围绕这一点,孟子认为教育就是要加强自我修炼,真正的好老师是用自己觉悟的道理使别人觉悟,孟子曰:"博学而详说之,将以反说约也。"(《孟子·离娄下》)广博地学习,详细地阐述,进而能够达到用简明的话阐明高深的道理。

孟子对教育的理解是深层次的,他认为作为教师一定要居高临下,孟子曰:"孔子登东山而小鲁,登泰山而小天下。故观于海者难为水,游于圣人之门者难为言。"(《孟子·尽心上》)这几句话讲的就是一种格调、境界,登上东山觉得鲁国小,登上泰山觉得天下小;见过海洋的人很难被别的溪流吸引,在圣人门下学习过的人,很难被别的议论所吸引。这则语录有这样两层意思,其一,追求学问要志存高远。胸襟开阔,井底之蛙看到的是有限的。其二,孟子表达了自己的心声。能入孔圣人之门学习，自己认为达到了至高境界，再也不会受其他思想的迷惑，形成了自己独立的品格。

孟子认为，君子进行教育的方式有五种，即"有如时雨化之者，有成德者，有达财者，有答问者，有私淑艾者。"（《孟子·尽心上》）意思是教育有像及时雨那样滋润万物的，有培养品德的，有培养才能的，有解答疑惑的，有以流风余韵让后世之人学习的。这五种教育方式包含了孟子的教育智慧，即启迪智慧、培养品德、培养才能、答疑解惑、影响后人，教育就是一种浸润，一种潜移默化，一种德才共育的过程，时至今日，这些教育方式仍然发挥着巨大作用。

教育是有标准的，是要遵循规矩的，孟子曰："君子引而不发，跃如也。"君子拉满弓却不发箭，只做出跃跃欲试的样子。这里关键在于一个"引"字，就是拉满弓，君子之人要有过硬的基本功，也就是才干。学问之道贵在坚持，孟子说自暴自弃者不可以跟他谈什么，没必要跟他干什么，求学也最忌讳自暴自弃。孟子说做事如挖井，挖了六七丈深还没有见水，仍是一口废井。这就是不能坚持的原因，因此，学也应持之以恒，坚持不辍。

孟子的教育思想也涉及统治者的理政，他说："善政，民畏之，善教，民爱之；善政得民财，善教得民心。"（《孟子·尽心上》）他认为，作为统治者施行好的治理，百姓仍然怕他，但实行良好的教育，百姓爱他。好的治理能使老百姓取得财富，但好的教育能获得百姓的心。孟子劝告统治者要重视教育，对老百姓进行教化强于好的治理。孟子认为统治者治理国家，在"善政"后，也就是满足了老百姓基本的物质需求之后，一定要对老百姓进行教化，"谨庠序之教，申之以孝悌之义"（《孟子·梁惠王上》），即小心办好学校教育，反复向学生讲明孝敬老人、顺从兄长的道理，这就是其教育的目的，用教育感化百姓，让百姓懂得礼仪，这样统治者才能称王天下。

孟子的教育观认为，一个人在家就是要学会孝悌，尊老孝亲，家庭和谐；在学校要学习礼仪，传承善道；走上社会要与人为善，呵护善心；治理国家要以民为本，赢得民心。同时孟子还规定了教育的内容，进行"五伦"教育，提出了教育要居高临下，开阔胸襟。教育有五种方式，要遵循一定的规矩，要有真正的才能，并且学习要持之以恒。孟子的这些教育观虽然分散在其言论里，但却有一个字贯穿始终，那就是"善"，在家孝顺父母尊重兄长为善，在外找回本属于自己的那颗善心，治理天下遵循王道以民为本为善，"善"构成了孟子教育思想的核心。

27. 孟子的教育思想浅析

教育是一个亘古不变的话题，在我国几千年文明史中，尊师重教是优良传统，早在《国语》中就有"天地君亲师"的记载，"师"成为儒家祭祀的对象，儒家学派都倡导教育的作用，孔子"学而不厌，诲人不倦"，孟子"得天下英才而教育之"，荀子"学不可以已"，都表达了教育的重要性。作为亚圣的孟子，他有怎样的教育思想呢？

春秋时期法家代表人物管仲谈到"仓廪实而知礼节，衣食足而知荣辱"，粮仓储备充实了，百姓才懂得礼节；衣食丰足了，百姓才能分辨荣辱。管仲很早就注意到了物质与精神的关系，即物质是人的第一需求，作为精神产物的礼节是建立在物质满足的基础之上的。但是作为儒家核心思想之一的"礼"则是需要后天培养的，孔子曰："不学礼，无以立。"就是不学礼，就很难自立于社会，作为社会道德规范的礼是需要教化来获得的。

孟子在与梁惠王谈论如何行王道时就谈到，行王道首先要施惠于百姓，老百姓衣食无忧就会归顺，这是物质上的满足。其次就是要进行教育，"谨庠序之教，申之以孝悌之义，颁白者不负戴于道路矣"（《孟子·梁惠王上》），孟子明确提出要办好学校教育，这是在孔子办私学的基础上的一个更大创新。教育的内容就是"孝悌"，就是孝敬老人，顺从兄长；教育的目的就是感化百姓，让百姓老有所养。在先秦诸子中，孟子明确提出兴办学校教育，规定了教育内容，明确了教育目的，他一再强调教化的重要性。

> 孟子云："善政不如善教之得民也。善政民畏之，善教民
> 爱之。善政得民财，善教得民心。"（《孟子·尽心上》）

这里将"善政"与"善教"对比，结果也截然不同，一个是"畏之"，一个是"爱之"，说明好的政治只能使老百姓害怕，只能得到百姓的财富，而好的教育能够得民心，受百姓的喜欢，这也是孟子民本思想的反映。

孟子重视教育也许是深受其母亲的影响，孟母三迁的故事成为重视教育的佳话，人们也更加重视教育的环境。孟子认为君子有"三乐"，其中第三乐为"得天下英才而教育之，三乐也"，他希望得到天下可育之才而教育之，表达了对人才的渴盼。那么，不受教育感化又有怎样的弊端呢？

孟子认为，"人之有道也，饱食、暖衣、逸居而无教，则近于禽兽"（《孟子·滕文公上》），人类的处世，如果吃饱、穿暖、住得舒服而缺乏教养，那就跟禽兽差不多。孟子的言论告诉人们，满足物质生活的需求仅仅是一种低端的需求，人还要有更高层次的需求，那就是精神层面的，对人要进行伦理道德教育，要进行"父子有亲，君臣有义，夫妻有别，长幼有序，朋友有信"（《孟子·滕文公上》）的教育，教育人要懂得最基本的人伦礼仪，要懂得父子的血缘之亲，君臣间的礼仪，夫妻间内外有别，老少间长幼有序，朋友间真诚守信。并且，孟子还鼓励将这些教育推而广之，他说："老吾老，以及人之老，幼吾幼，以及人之幼，天下可运于掌。"（《孟子·梁惠王上》）尊重我的老人，从而

把它推及到尊重别人的老人，爱护我的孩子，从而把它推及到爱护别人的孩子，同时还告诫统治者应将这种推恩的思想用于治理国家，施行仁政，这样天下就容易治理了。这些都构成了孟子教育的基本内容，随着社会的进步，虽然有些教育内容已经落后，但这些从礼仪入手的教育，在建立和谐人际关系的社会里仍然具有很好的借鉴意义。

孟子的教育内容十分广泛，也极具正能量，他主张"人性向善"，他说："人性之善也，犹水之就下也。"（《孟子·告子上》）用比喻说明人性之善如同水流向低处一样，是自然而然的事情，人人都有恻隐之心，羞恶之心，恭敬之心，是非之心，这"四心"分别就是仁、义、礼、智，他说："君子以仁存心，以礼存心。仁者爱人，有礼者敬人。爱人者，人恒爱之，敬人者，人恒敬之。"（《孟子·离娄下》）君子之人应当将"仁"与"礼"放在心中，他解释"仁"就是"爱人"，他又进一步解释"仁也者，人也。合而言之，道也"，所谓"仁"就是"人"，两者结合就是道，这也是他的"仁"思想的最简明扼要的解释，也是其"民为贵"的人本思想的集中体现，他希望统治者实行仁政，目的就是要实现自己心目中的理想社会。

在先秦时期，由尊师到重教，一脉相承，教育内容广泛。特别是到了孟子，继承并发展了孔子的教育思想，赋予教育更丰富的内涵，涉及道德修养、家庭和谐、与人为善、实行仁政等方面，形成了较为系统的教育思想，为儒学的进一步发展奠定了良好的基础。

28. 孟子的学问之道

关于"学问"的理解和达成，随着时代的推移变迁，有不同的理解和阐释。孟子对于"学问"的达成有自己独到的见解，他说："学问之道无他，求其放心而已矣。"（《孟子·告子上》）其大意是学问之道没有别的，就是把丢失的善心再找回来罢了。孟子主张"性善论"，人的本性是善的，只不过是在后天发展中丢失了自己的善心，那么学习的目的就是要找回这颗善心，让它归位，回到本来应该在的位置，这就是孟子学问之道的目的。

"善"是孟子思想的核心，也是孟子仁政学说的理论基础。孟子认为善心是人所固有的，人的善心包括同情心、羞耻心、恭敬心、是非心四个方面，对应的是仁、义、礼、智，"求则得之，舍则失之"，即探求就能得到它们，放弃就会失掉它们，这就是"求其放心"。关于探求学问之道的路径，孟子讲到君子有三乐，其中之一就是"得天下英才而教育之"（《孟子·尽心上》），希望得到天下可造就之才而教育培养，表达了培养人才的迫切心情。

孟子主张兴办学校教育，他说，"谨庠序之教，申之以孝悌之义"（《孟子·梁惠王上》），就是小心办好学校教育，反复向学生讲明孝敬老人、顺从兄长的道理。兴办学校教育可以传播学问，教人向善，教百姓以人伦，即"父子有亲，君臣有义，夫妇有别，长幼有序，朋友有信。"（《孟子·滕文公上》），孟子认为，作为人，如果只是吃饱了，穿暖了，住的安逸了，却还没有教养，这跟禽兽也差不多。那么，孟子的性善论告诉我们，人之初，性本善，人的善心是与生俱来的，那又是怎样失去的呢？

孟子称失去善心为"放心"，那其实就是仁义礼智的另一个极端，在孟子看来，社会是个大染缸，人生活在社会之中就会受到各种利欲的沾染，面对各种利益的诱惑，孟子认为应当舍生而取义，不为优厚的礼物、漂亮的宫室、妻妾的侍奉等所动，要守好自己的善心防线，这样才不会失其本心。那么在做学问时，怎样才能不丢失其本心呢？那就是教育。

孟子将好的政治和好的教育进行比较，他说："善政不如善教之得民也。善政民畏之，善教民爱之。善政得民财，善教得民心。"（《孟子·尽心上》）好的政治不如好的教化更能够赢得民心，好的政治只能使老百姓害怕，只能得到老百姓的钱财，而好的教化用仁义礼智信教化百姓，能得到老百姓的喜欢，能赢得百姓的心意。显然，孟子是极力主张兴办教育的，作为统治者，得民心的根本方法是对老百姓进行教化。至于如何教化，孟子认为学不能一曝十寒，而要专心致志。

孟子认为，君子之所以教者五："有如时雨化之者，有成德者，有达财者，有答问者，有私淑艾者。"（《孟子·尽心上》）即君子进行教育的方式有五种，有像及时雨那样滋润万物的，有成全其道德的，有培养其才能的，有解答疑问的，有以学识风范让后世之人学习的。君子用多样的方式因材施教，教育人找回丢失的善心，其实也是在告诉人们，要时时呵护好自己的善心，不要让其丢失，这样就可以达到其性善论主要标志的"人人皆可为尧舜"的圣贤境界。

第八讲

老子哲学命题

先秦诸子，各领风骚，道家创始人老子以超凡的智慧自成一家，时至今日，老子骑青牛徐徐走来的神秘形象若隐若现。被称为"万经之王"的《道德经》，充满大智慧，讲述了宇宙之道、天地之道、自然之道，揭示了宇宙和自然发展变化的规律，是修身之本，处世之本，治学之本，充盈着哲学的思辨和智慧，围绕"道"这一核心概念，辩证地思考宇宙、天地、万物的辩证关系，将大与小、多与少、有与无、利与害、柔与强、动与静、美与丑、善与恶、难与易、长与短、高与下等相对立的概念通过创造性思维，突破定势思维的壁垒，赋予其独特的蕴意。《道德经》虽只有五千余言，却蕴含着丰富的人生哲理和处世智慧，涵盖了社会、政治等领域。本讲座对老子的"道"进行浅显讲解，同时对其处世哲学中的柔、静、大等进行思辨性理解，是对老子思想的入门学习。

29. 老子"道"的哲学思想管窥

老子以"道"解释宇宙万物的演变，其思想集中体现在《道德经》里，这部经书分为"道经"和"德经"，自古至今，对老子的哲学思想多有探究，不乏客观的评价，在这一讲里本人谈谈自己对老子"道"的哲学思想的一管之见。

"道"是什么？"道"是可定义的吗？

老子不说"道"是什么，而说"道"像什么，道"可以为天下母……人法地，地法天，天法道，道法自然"（《道德经》第二十五章），"道"是天下万物之母，就是说万事万物都脱胎于道这一母体，是由道而产生的。人仿效地，地仿效天，天仿效道，道仿效自然，道归于自然，自然是持久的，永恒的，永不止息的。"天乃道，道乃久"（《道德经》第十六章），符合自然天性才算得道，得道才能长久。

老子表示，道是不可以定义的，《道德经》第一章就说"道可道，非常道；名可名，非常名"，意思是能说出来的道理，不是永恒的道理；能表述出来的概念，不是永恒的概念。

《道德经》第一章老子告诉我们观察事物的方法，"故常无欲以观其妙，常有欲以观其徼"，事物是神妙莫测的，要探究天地万物的奥妙，就要经常从无形处观察世界本来的奇妙，经常从有形中观察世界本来的表现。

老子的"道"包含了怎样的哲学思维方式？

老子论道包含了朴素的辩证法。他把道视为宇宙万事万物变化的总规范，总准则，道遵从自然规律，同时又具有"独立不改，周行而不殆"的永恒意义。《道德经》中包括大量朴素辩证法观点，他能跳出人的常规思维，不拘泥于就现实而论现实，就存在而论存在，他充分运用各种思维方式，运用创造性思维，将逆向思维，发散思维大胆运用于对事物的思辨和逻辑推理之中，想象神奇，逻辑缜密，思人所未思，言人所未言，形成以"道"为中心的思想体系。这种思维方式往往将视角关注到不引人注意的地方，"故有无相生，难易相成，长短相形，高下相倾，音声相和，前后相随，恒也"（《道德经》第二章），意思是有和无是相互依赖而产生，难和易相互对立而促成，长和短相互比较而存在，高和下相互依靠而形成，音和声相互调和，前和后相互追随，这是永恒不变的客观实际。有了这样的辩证思维模式，老子的道具有以下思想观点。

老子的"道"包含哪些思想观点？

道法自然的思想

老子的"道"是个变数而不是定数，是个变量而不是常量。他说"道可道，非常道"，"道为天下母"，"天乃道"，"道法自然"，"道生一，一生二，二生三，三生万物"（《道德经》第四十二章），道到底是什么，我们无法定义，道是虚无缥缈的，但它又是真实存在的，我们只能理解道像什么或者接近于什么。

老子把"道"喻为"天下母"，天地万物由道产生，道是宇宙万事万物变化的总规范、总准则，它包含了万事万物的变化规律，蕴含了丰富的人生哲学和处世智慧，它既深邃又浅显，既简单又复杂，既质朴而又玄妙，"道法自然"，道仿效自然，符合自然天性，它是永恒的。

无为而治的思想

"无为"就是无所作为，指顺应自然，"为无为，则无不治"（《道德经》第二章），作为统治者，应当无为地统治，就不会统治不好天下。

无为而治作为治国的策略，有两个层面的含义，其一，作为统治者，应当遵循古之道，反对战争，他认为"以道佐人主者，不以兵强天下……大军之后，必有凶年"，用道辅佐君主的人，不用武力逞强于天下，战争之后必有灾年出现，劝告统治者不要穷兵黩武，滥杀无辜。其二，作为老百姓，统治者要引导他们抵御欲望的诱惑，不可追名逐利，满足他们最基本的饱腹需要，让他们保持淳厚质朴的状态，"常使民无知无欲"，经常让人民无智慧，无欲望，当然这里也有弱化老百姓思想的行为。

无为而治其实是国家治理的至高境界，不是不为，而是指统治者不应乱作为，不以武力征服天下，反对战争，应当顺应自然，再对老百姓进行引导，减轻赋税，满足老百姓最基本的物质需求，尊重老百姓的生存权，生命权，在老子看来这都是人的自然属性，统治者不可剥夺，"民不畏死，奈何以死惧之？"（《道德经》第七十四章）这样才接近于道，才符合无为而治的治世思想。

有无相生的思想

在物质世界里，我们更多地强调存在，而忽略了未存在；只强调有，而忽略了无。老子则强调"有无相生"，这其实从某些方面纠正了人们认识的偏差，有和无是相辅相成的，是互为存在的，只强调有是不符合对客观世界的认知的。老子由这个观点而衍生出来的对立而存在的观点如美与丑，善与恶，难与易，长与短，高与下等，这些都是互为存在的条件的。

为了强调"无"的价值所在，老子对其观点进一步延伸拓展深化，提出了"无之以为用"的思想（《道德经》第十一章），也就是无用之用的思想。他认为"故有之以为利，无之以为用"，有了车子、器皿、房屋等是一种便利，但发挥作用的恰恰是它们的空的部分，也就是无的部分。这一观点在庄子那里得到进一步延伸发挥，《庄子·人间世》记载，有一棵硕大无比的栎树，匠石认为它之所以能保全性命不被砍伐，是因为它是一棵不成材的无用的散木，从另一角度来看，无用反倒能保全性命，这正是它的有用之处。《淮南子》里也有"塞翁失马，安知非福"的故事，都与老子无用之用的思想是完全一致的。

这种思维方式尽管有其局限性，但它会让我们更加全面地看待问题，更加注重事物的另一面，不至于狭隘偏颇。

柔胜于强的思想

关于柔与强的观点，老子取法于其老师常枞，在刘向《说苑·敬慎》里有这样的记载，常枞病重，老子前去探望，问老师还有什么可以教诲弟子的，老师用自己的牙齿和舌头一亡一存让弟子明白了天下的道理，那就是坚硬易亡，柔软易存的道理，老子的很多思想都得益于其老师的启发。

老子认为"故坚强者死之徒，柔弱者生之徒……强大处下，柔弱处上"（《道德经》第七十六章），坚硬刚强是死亡的特征，柔软弱小是生命的特征，强大处在下风，柔弱处在上风。这是老子在实践和理论上对强和柔的阐释，他认为柔弱胜于刚强，柔弱是富有生命活力的。老子认为水的特质更接近于他的道，他说："上善若水，水善利万物而不争，处众人之所恶，故几于道。"他把最有修养的人比作水，水滋养万物却谦卑处下，与道的品质最为接近。水是柔的，老子说"天下柔弱，莫过于水，而攻坚强者，莫之能胜。其无以易之。弱之胜强，柔之胜刚，天下莫不知，莫能行。"（《道德经》第七十八章）水最符合老子柔之胜刚的思想，柔更具智慧，它是一种处世方式，甘居于下，在柔的外表下却有着永不止息的方向和持之以恒的精神，水滴石穿，绳锯木断，柔弱攻克刚强，这是柔弱外表下的坚强，这一思想会给我们很大内驱力，让我们能够辩证地看待柔与强。

慎终如始的思想

我们做事往往善始而不善终，有始而无终，半途而废，这大概是人性中共有的缺陷吧。老子对此深有感悟，他告诫人们"民之从事，常于几成而败之。慎终如始，则无败事"（《道德经》第六十四章），为什么人们做事往往在接近成功时却失败了，就是因为做事善始而不善终，因此老子告诉人们小心对待结束，就像小心对待开始那样，就不会失败。

老子很注重"始"，人们常说万事开头难，老子告诉人们做事要从细微处入手，由易到难，"天下难事必作于易，天下大事必作于细"（《道德经》第六十三章），不可看轻细微，好高骛远。老子很看重细小的作用，他说："合抱之木，生于毫末；九层之台，起于累土；千里之行，始于足下。"这一金玉良言遵从人的认知，道出了事物发展的自然规律，即产生、发展、壮大，要辩证看待小与大的关系，远与近的关系，脚踏实地，从小处着手，方可致远。

祸福相倚的思想

人们都会厌恶祸害而追求福祉，思想也止于此，趋利避害是人的正常思维，人们会因为灾祸而痛苦欲绝甚至悲观厌世，都希望远离灾祸。人们也会追求幸福，会因为获得了幸福而欢呼雀跃，忘乎所以。老子能用辩证的思维看待问题，"祸兮，福之所倚；福兮，祸之所伏"（《道德经》第五十八章）。

老子的这一观点，能辩证地看待祸与福的转化，人们经常说乐极生悲，就是乐与悲的互相转化，人在乐中忘乎所以，岂不知这里却暗暗潜藏着悲，这就要居安思危。而悲是人人都不愿意遇到的，但人有悲欢离合，这在客观上是难以避免的，遇到悲，也应客观分析，把悲看作是对自己的一种考验历练，阳光总在风雨后，用积极乐观的态度克服消极悲观的情绪，相信悲的背后会有更精彩的人生。

30. "柔"的哲学思考

　　柔是水的特质，老子曰："上善若水，水善利万物而不争，处众人之所恶，故几于道。"讲的是最有修养的人像水，水善于滋养万物而不与一切相争，处在低位，所以更接近大道。

　　柔情似水是说情感细腻润泽，慈爱和善。柔包含最朴素的母爱哲学，母爱从一滴乳汁开始，包含了对生命的滋养和延续，诠释了世间最美好的情感。母爱如水，无私无畏，母爱是温情的，因此她能融化霜雪，除去寒冷，是世间千百种爱中最无与伦比的，也是最高尚的。

　　刘向在《说苑·敬慎》中记载了老子与常枞的对话，老子说"夫舌之存也，岂非以其柔耶？齿之亡也，岂非以其刚耶？"阐释了舌之所以能够保全的原因，就在于"柔"。柔能克刚，这其实更是遵循了自然的法则。《道德经》中还有这样的阐释，"柔弱胜刚强"，"天下之至柔，驰骋天下之至坚"，就是天下最柔弱的东西，能够驰骋于最坚硬的东西之中。

　　水是不争的，但并不是说水就甘于居下，甘于平庸，高山之巅，瀑流直下，气势磅礴。常言道，山有多高，水就有多高，但水是不会与山争高低的，它直落就下，穿行于乱石丛棘之中，蜿蜒千里，随江河而汇聚，遇湖海而融入。

　　柔是大道之学，大道至简，柔是自然的法则，是生命的存在。柔是水的特质，是母亲的情怀。柔因其不争，故能长久。柔作为一种处世哲学，不唯保全，明哲保身，而是对生命的更高境界的追求。"柔"与"韧"搭配，拉伸出生命的张力；"柔"与"和"搭配，是人世间最美妙的音符；"柔"与"顺"搭配，是最平滑亮泽的存在，还有柔媚、柔婉、柔滑、温柔等，都诠释了人世间最有弧度的曲线美。

"柔"与"刚"相对立而存在，这恰恰是老子哲学思想的关键所在，老子云："有无相生，难易相成，长短相较，高下相倾，音声相和，前后相随。"老子认为，世间万物都是相对立而存在的，一切的善恶、美丑、长短、高下、前后、贤愚、生死、强弱都是相对而存在，互为存在的依据。因此，"柔"作为与"刚"相对的一种存在，是富有生命内涵的。

"柔"也是各类艺术的创作元素，"柔情似水，佳期如梦"是秦观词中牛郎织女相会温柔缠绵如流水的情感；"树阴照水爱晴柔"是杨万里笔下小池晴天里柔和的风光；"在康河的柔波里，我甘心做一条水草！"是徐志摩全身心融入康河的诗人情怀。柔美的月光让人思绪翩飞，柔美的旋律让人心旷神怡，柔美的舞姿让人陶醉不已。

柔属于哲学的，也属于文学的、音乐的、舞蹈的、绘画的。柔是浪漫的，也是现实的。柔的存在，让生活中多了一份沉淀，多了一份思考，多了一份宁静。

31. 老子"水"的哲学命题

水是生命之源，作为大自然主要组成成分的水，具有诸多特质，水是动态的，又是静态的；水是柔弱的，又是刚强的；水是渺小的，又是博大的；水是多变的，又是永恒的。水的多样态决定了水的哲学命题，道家学派创始人老子对水有深层次的理解，赋予了水更加深邃的哲学命题。

老子说："上善若水。水善利万物而不争，处众人之所恶，故几于道。"（《道德经》第八章）即最有修养的人像水，水滋养万物，却谦卑处下，其品质最接近于道。这则语录道出了水的两个特质，即滋润万物而不争利，甘居下位而不厌恶。

水能以柔弱胜刚强，以退为进。"天下莫柔弱于水，而攻坚强者莫之能胜，以其无以易之"（《道德经》第七十八章），即天下没有什么比水更柔弱的，但是水最能攻坚克强，没有什么可以改变它。之所以能克强制胜就是因为水的柔，柔软胜刚强。

老子强调以柔克刚，是一种以退为进的哲学思想，水是柔软的，却能滴穿坚硬的岩石；牙齿是坚硬的，但却先于舌头而脱落；绳子是柔软的，但用墨线量却能取直木材。这一哲学观点教人处世的方法，学会谦让，知进知退，退是为了更好的进，退一步海阔天空。

水具有极大的包容性，具有谦卑居下的特点。林则徐有一句诗，"海纳百川有容乃大"，这是说大海是因为不断容纳河流的水才成就了自己的博大，老子用江海打比方，说明统治者的治理有如江河汇聚入海，处于低位。"江海之所以能为百谷王者，以其善下之，故能为百谷王"（《道德经》第六十六章），老子认为江河能容纳一切溪流，是由于它情愿处在最低处，因此才能容纳百川。这正符合老子"道法自然"的哲学思想，"自然"是一种客观存在，"道"仿效自然。水作为一种客观存在，是符合自然的要求的，水符合自然的法则。

老子由水的这一特点，衍生出统治者对天下的治理，老子用江海比喻圣人甘居人下的品质，正因为圣人"以其不争，故天下莫能与之争"，与世无争，谦恭卑下，顺应自然，无为而治，这样才能受到百姓的拥戴。

水具有谦卑居下的特点，这一特点启发了老子的智慧。老子说自己有三大法宝，其一就是"不敢为天下先"（《道德经》第六十七章），就是不敢居于天下人之先，这就是谦恭的处世态度。在战争中他认为，"善用人者为下"，擅长用人的人对人谦恭，老子提倡谦恭处下，其实就是以退为进的处世哲学观。

上善若水，智者乐水，水是灵动的，水的特质能给人们哲学的智慧和辩证的思维，水符合道的法则，它顺应自然；水以柔克刚，它能量巨大；海容纳百川，甘居下位。水的哲学是圣人的智慧，是为人处世的智慧，是求学明道的智慧，是治理天下的智慧。

32．老子的"静"修炼

"静"作为一种修炼艺术，源于老子，在后世得到了极大发挥。老子视"清静为天下正"，清静无为可以成为天下的首领，可见"静"在老子的哲学思想中占有重要的地位。

老子善用求异思维，另辟蹊径，独成学说。面对"大"，他强调"小"的作用；面对"强"，他强调"弱"的作用；面对"刚"，他强调"柔"的作用；面对"有"，他强调"无"的作用；面对"躁"，他强调"静"的作用。他把静看作是修身治国之本，老子说："至虚极，守静笃，万物并作，吾以观其复。夫物芸芸，各复归其根。归根曰'静'，静曰'复命'……"，意思是守住彻底的清静无为，使众多事物都回归到它们的本源，回归本源就叫静止，静止就是还原本性，回归到事物的本源，保持清静的生活态度，指出了遵循自然规律行事的重要性。

"静"也是老子的治世之道，"牝常以静胜牡，以静为下"（《道德经》六十一章），"牝"为雌性鸟兽，"牡"为雄性鸟兽，原文中是用雌性总是用安静战胜雄性，安静地处身卑下，来比喻大国与小国都应谦卑地对待对方，居于卑下，以雌柔之心赢得对方信赖。这是清静在治世上的正面作用，那么，浮躁或不清静对于治国有怎样的危害呢？老子有这样的语录，"重为轻根，静为躁君……轻则失臣，躁则失君"，厚重是轻浮的根本，清静是躁动的主宰，轻浮就会失去贤臣，躁动就会丢掉君位。告诉人们清静可以主宰躁动，作为一个统治者，如果躁动就会失去君位，统治者治理天下求静而忌动，"静"可以是静观、静思、慎行，免于因虑事不周而做出错误决定，脱离根本；"躁"可以是轻率浮躁盲目，就会或错误发动战争，穷兵黩武，滥杀无辜，或大兴土木，横征暴敛，劳民伤财。

那么作为一个统治者怎样才能治理好国家呢？老子认为统治者应当"以正治国，以奇用兵，以无事取天下"，"正"就是无为清静之道，用无为治理天下，他说："故圣人云：我无为，而民自化；我无静，而民自正；我无事，而民自富；我无欲，而民自朴。"（《道德经》第五十七章）这反映了老子无为而治的政治主张，他引用圣人的话说，我无为，百姓自然就驯化了；我虚静，百姓自然就有序了；我无事，百姓自然就富裕了；我无欲，百姓自然就淳朴了。这里的"无为"并不是无所作为，不理政务，而是治民要顺应自然，遵从民意，不乱作为，禁令法令不宜多，多了则扰民。作为统治者，应当无欲无求，清静无为，让老百姓自我化育，返璞归真，民风淳朴，达到最好的治理，从而成为受天下人推崇的首领。

老子认为"上善若水"，水最接近于其道的本质，它滋润万物，屈身就下，谦恭退让，与世无争。有一个成语叫"静水流深"，解释为一个人就如同表面平静的水一样，但却蕴藏着大智慧，这才是圣人的品质。诸葛亮《诫子书》中有"夫君子之行，静以修身，俭以养德。非淡泊无以明志，非宁静无以致远"，告诉人们要用静去修身，加强自身修养，拒绝浮躁气，追求宁静，才能走得更远。

33. 老子的"大"思想微观

"大"是中国美学思想中构成"美"的核心要素，《说文解字》解释"美""从羊从大，羊大则美"。"羊"大为"美"，"大"成为古代审美的主要标准。偶观老子的《道德经》，不乏诸多关于"大"的概念，构成老子"大"哲学思想。

"大"构成老子理想境界的主要内容

"大"的精神境界就是最好的、最美的、最理想的精神境界，在老子的著作中，多次出现对"大"的阐释，如大器晚成，大音希声，大象无形，大道至简，大智若愚，大巧若拙，大爱无疆等等，老子"大"的含义就与"致""上""极"等词语相近义，如能担当重任的人才要经过长期的锻炼叫大器晚成，最好的音乐就是自然之音叫大音希声，大道理是极其简单的叫大道至简，最高尚的爱是没有疆界的叫大爱无疆。这些"大"也构成了老子思想所追求的极致世界的内容。

"大"是一种高超的处世哲学

《道德经》第四十五章有以下一些词语：大成若缺、大盈若冲、大直若屈、大巧若拙、大辩若讷。这些词语或成或缺，或盈或冲，或直或屈，或巧或拙，或辩或讷都成对立而存在，常语说：月满则亏，水满则溢，而正是这一满一亏才有了日月的轮回，江河的不息。因此老子的观点中有"祸福相依"之说，所以，有成功就会有缺憾，有充盈就会有空虚，有笔直就会有弯曲，有灵巧就会有笨拙，有能言善辩就会有笨嘴拙舌。这些辩证的哲学思想告诉我们事物都具有两面性，处世应当有"不以物喜，不以己悲"的胸怀，看问题应当将主观与客观结合，宏观与微观结合，这样才不至于褊狭、固执、短视。

"大"的达成途径就是用最简单的方法

老子思想中处理问题最简单的方法就是"无为"，"无为"的含义就是用最简单的做法去处理最复杂的问题，或者是将复杂的问题简单化。郑板桥题书斋联有"删繁就简三秋树，领异标新二月花"，主张以最简练的笔墨表现最丰富的内容，以少胜多，如三秋之树，没有细枝密叶，必须自辟新路，似二月花，一花引来百花开，生机勃勃。我们经常说"把简单的事情做好就是不简单"，我们经常是"仰望星空"，而却忽视了"脚踏实地"，我们经常是只注重开始，却忽略了过程和结尾，把简单的问题复杂化，这都是有悖于"大"达成的途径的。

"大"的存在状态是最自然的

"大器晚成，大音希声，大象无形"出自《道德经》第四十一章，意思是最大的器具最后完成，最大的音乐没有声响，最大的象没有形象。这是老子提出的一种哲学观念，也就是其"道法自然"的概念，意在推崇自然的、而非人为的美。我们通常形容最美妙的音乐为"天籁之音"，"天籁"泛指自然界的声响，如风声、雨声、鸟鸣声、水流声等，这些声音纯出于自然，不事雕琢，得自然之趣者为天籁。这就让我们明白了最美妙的音乐就是最自然的、无一丝斧凿痕迹的音乐。

"大"是由小积累而成的

老子在谈到大与小的关系中提到，"合抱之木，生于毫末，九层之台，起于累土，千里之行，始于足下"（《道德经》第六十四章），大是由小构成的，多是由少构成的，长是由短构成的，强调了积累的重要性，积少成多，集腋成裘，一定要注意事物发展的细枝末节，要"图难于其易，为大于其细"（《道德经》第六十三章），做难事必须先从易做的事做起，做大事必须先从细小的事做起，由小到大，由易到难，循序渐进，见微知著，这是符合人的认知规律的。

"大"的智慧就是藏而不露

中国哲学里的智慧有一种是最具含蓄性的智慧，有代表性的就是老庄哲学，"上善若水，水善利万物而不争。"（《道德经》第八章）老子将"上善"喻作"就下"之水，利于万物而不与万物相争。老子在谈到兵的强与弱时说"兵强则灭，木强则折。柔弱者生之徒，坚强者死之徒"。意思是刚强的军队会被消灭，刚强的树木会被折断。柔弱的东西属于生存的一类，坚强的东西属于死亡的一类。战国时期道家的另一位代表人物列子本老子为尊，进一步提出"天下有常胜之道，有不常胜之道。常胜之道曰柔，常不胜之道曰强。"意思是天下有经常取胜的方法，有经常不能取胜的方法。经常取胜的方法叫作柔弱，经常不能取胜的方法叫作刚强。有了这些观点，我们就不难理解老子别的言论，即大智若愚、大巧若拙、大辩若讷、大器晚成，这些词语实际上都告诉人们做人应低调，要谦虚、宽容、大度、隐忍，厚积薄发，要有包容万物的宇宙情怀。

34. 老子的"民"思想浅析

先秦诸子中，提到对"民"的态度，人们马上会想到孟子"民为贵"的民本思想，那么作为道家学派创始人的老子，他有怎样的"民"思想呢？

《道德经》是一部思想玄妙深邃的哲学著作，其内容涉及人性、修身、处世、治国等，无为而治是这部经书的核心思想，也涉及许多对民的态度和治世哲学。"无为而治"是老子理想中统治者治理的最高境界，他始终将统治者的政绩与老百姓的感受、生活状况和反映紧密联系起来，有一种"尊民思想"，当然这种"尊"里也包含着复杂甚至是矛盾的情感。

"民"在几千年封建社会里处于社会底层，古代就是奴隶身份，受奴役、剥削、压榨，历朝历代如若有哪位统治者或贤达之士有亲民、爱民、尊民的主张或行动，都会备受景仰。老子的尊民思想是显而易见的，他告诫统治者"民不畏死，奈何以死惧之？"（《道德经》第七十四章）民众不怕死，怎能用死使他们害怕呢？统治者对老百姓实行严酷的刑罚不但不能使百姓屈服，反而会给自己招来祸患，可见老子是充分尊重民的存在的，其尊民思想体现在以下几个方面。

老百姓陷入困境的原因

使我介然有知，行于大道，唯施是畏。大道甚夷，而人好径。

朝甚除，田甚芜，仓甚虚；服文彩，带利剑，厌饮食，财货有余；

是谓盗夸，非道哉！（《道德经》第五十三章）

这里的"道"就是自然之道，也就是尊民之道，老子说，大道平坦，但有人（统治者）偏喜欢走小道，一组鲜明的对比揭示了老百姓陷入困境的原因，一边是田园荒芜，粮仓空虚，一边是衣食华贵，佩饰精美，财货丰富，老子压制不住内心的激愤，痛批这是强盗的行为，这与"道"是背道而驰的。这里老子直抵要害，百姓困苦的原因就是统治者的荒淫奢靡，声色犬马，横征暴敛。老子认为统治者不能将自己无度的享乐建立在老百姓的困苦之上，包含着一定的民贵思想，他指出，统治者只有持守大道，顺应自然，无为而治，才能顺应民心，天下归心。

老百姓看轻死亡的原因

民之饥，以其上食税之多，是以饥。民之难治，以其上之有为，是以难治。民之轻死，以其上求生之厚，是以轻死。夫唯无以生为者，是贤于贵生。（《道德经》第七十五章）

生命对于每一个人是重要的，但为何"民不畏死"，为何"民之难治"，为何"民之轻死"，老子追究其原因，老百姓之所以遭受饥饿，是因为统治者吞吃赋税太多；老百姓之所以难于统治，是因为统治者政令繁苛；老百姓之所以轻生冒死，是因为统治者搜刮民脂民膏。只有不去追求生活享受的人，才比过分看重自己生命的人高明。简言之就是统治者的"有为"是造成老百姓"不畏死"的原因。老子说："是以圣人自知不自见，自爱不自贵，故去彼取此。"（《道德经》第七十二章）他告诫统治者要处理好与老百姓的关系，舍去"自见""自贵"，也就是舍去对奢华生活的追求，而取"自知""自爱"，不贪得无厌，这样才能得到百姓的拥护爱戴。

老百姓成为统治者治理的风向标

太上，不知有之；其次，亲而誉之；其次，畏之；其次，侮之。信不足焉，有不信焉。犹兮其贵言。功成事遂，百姓皆谓"我自然"。（《道德经》第十七章）

本章老子将统治者划分为四个层次，最好的统治者，人民并不知道他的存在；其次的统治者，人民亲近他并且称赞他；再次的统治者，人民畏惧他；更次的统治者，人民轻蔑他。老百姓不喜欢统治者发号施令，胡乱干预，他们理想中的统治者是"处无为之事，行不言之教"（《道德经》第二章），就是用无为的方式治理天下，顺应自然，不胡乱施政扰民，这才是老百姓心目中的"我自然"，统治者行无为之治，守无为之道，老百姓才能"犹川谷之于江海"（《道德经》第三十二章），像江海汇入川谷一样拥护他，才能国泰民安。因此，老子提出的无为而治的思想是以老百姓的感受为风向标的，对统治者进行了限制和约束，是尊民思想的体现。

老子为统治者指明一条出路

老子围绕"有为"和"无为"展开讨论，肯定"无为"，批判"有为", 他说: "爱民治国, 能无知乎? "(《道德经》第十章) 就是珍惜百姓, 治理国家, 能无为而治吗? 其实也亮明了自己治理国家的态度, 要爱惜百姓, 治理好国家, 就应当去除智慧, 无为而治, 不主宰百姓。他认为统治者不应当胡乱发号施令, "知者弗言, 言者弗知"(《道德经》第五十六章), 聪明的人不发号施令, 发号施令的人不聪明, 当然这里的不发号施令并不等于不作为, 而是不胡乱作为, 特别是不欺压、凌驾于老百姓之上。

老子也指出了"有为"的四大弊端:

故圣人云: 我无为, 而民自化; 我无静, 而民自正; 我无事, 而民自富; 我无欲, 而民自朴。"(《道德经》第五十七章)

老子引圣人之言, 我无为, 百姓自然就驯化了; 我虚静, 百姓自然就有序了; 我无事, 百姓自然就富裕了; 我无欲, 百姓自然就淳朴了。"四无"体现了老子"无为而治"的政治主张, 也正是统治者"有为"带来的弊端。老子希望统治者"清静为天下正"(《道德经》第四十五章), 就是清静无为, 无私无畏, 可以成为天下的首领。

老子认为圣人之所以能得到百姓的拥护和爱戴, 是因为他如江海一般甘居于下, "是以圣人欲上民, 必以言下之; 欲先民, 必以身后之。"(《道德经》第六十六章) 统治者要得到老百姓拥戴, 必须要谦卑处下, 要想领导民众, 一定要把自己放在后面, 这就很明确的为统治者指出了一条施政之路。

老子尊民思想的缘起

老子的尊民主张源于其万物平等的思想，既"天地不仁，以万物为刍狗；圣人不仁，以百姓为刍狗"（《道德经》第五章），他认为天地无所谓仁，无所谓不仁，它对万物都是公平的，顺其自然。老子提倡众生平等，财富平均的社会生活，那么统治者也没有权力凌驾于百姓之上，制造不公平。老子希望社会回到小国寡民的时代，鸡犬之声相闻，老死不相往来。他的社会理念和尊民思想是理想化的，在那个战乱频仍，民不聊生的年代是难以实现的。

老子在对"民"的思想里还存在一些矛盾的心理，他说："故不可得而亲，亦不可得而疏；不可得而利，亦不可得而害；不可得而贵，亦不可得而贱。"（《道德经》第五十六章）对待百姓不能亲近，不能疏远；不能使之得利，不能使之受损；不能贵，不能贱。他把这种境界称之为"玄同"的境界，能达到这种境界的人，就能得到天下的尊重。这样就会让人觉得他的民思想是玄妙的，若即若离的，难以把握的。

第九讲

庄子的天地精神

庄子追求自由的精神境界，他凭借智慧将世界化小，又无限放大，逍遥于天地之间，构成其天地精神。庄子认为大道源于自然，大道至简，他将自己融入自然，融入天地间，"庄生梦为蝴蝶"，依这种境界达到了心灵的快慰自适。庄子推崇的"道"其实就是人要顺应自然，遵循自然的规律，合乎天理，天人合一的思想，人与自然相辅相成。他凭借超乎寻常的想象，探究天、地、人之间的关系。庄子的思维是辩证的，又是创新的，当一般人看到近时，他看到的是远；当一般人看到有用时，他看到的是无用的价值；当一般人看到外形的美时，他看到的却是丑，如此等等，庄子对待事物总能反其道而思之，运用逆向思维，总能看到事物的另一面。庄子追求绝对自由的境界，他认为"至人无己，神人无功，圣人无名"，道德修养高的人会忘掉自我，不追名逐利，才能达到真正的逍遥。本讲座通过对庄子天地精神的探究，了解庄子追求的人生境界。

35. 庄子的天地精神

什么会限制人的思维？是时代、境遇、出身、贫穷、年龄、知识、阅历吗？两千年前的庄子，他遇到的是战乱、贫困、孤独、奚落等百样世态，他以独特的方式为自己开辟了一方领域，一方廓大的领域，在这个领域里，他凭借智慧将世界无限放大，逍遥于天地之间，构成其天地精神。

庄子以其丰富的想象力，丰富了人们的想象空间。北方有天池，有鱼名为鲲，化而为鸟，其大不知几千里，其背不知几千里，奋起而飞，翅膀如天边的云彩，好一个鲲鹏展翅九万里，将人们的想象无限放大，正是天高任鸟飞，海阔凭鱼跃。在庄子的思维里，大与小是相对立而存在的，有大鸟就有小鸟，这小鸟就是翩飞于蓬蒿之间的斥鴳，一大一小共同构成了万事万物都有所凭借的话题。这一想象启发了人的思维，鹏程万里，燕雀安知鸿鹄之志成为有远大志向的代名词。

庄子有现实中解决不了的问题，他无米下锅，饥肠辘辘，那个看似慷慨的监河侯无心借谷物，却以大话搪塞，庄子将耻辱化为以寓言反击，充满讽刺意味，为后人留下了远水解不了近渴的涸辙之鲋的故事。这也是小与大的关系，小也很重要，斗米斗水可活命，一味地大有时也是危险的，大与小要视情况而定，不能一概而论。

庄子是青睐大的，大是一种境界，鲲鹏与燕雀虽然飞翔都有所凭借，不是真正的逍遥，但鲲鹏给人以宽阔高远蓬勃之感，搏击腾跃向上飞。《秋水》中有黄河之神河伯和大海之神若的对话，秋天百川汇入黄河，水势涨满两岸，河伯沾沾自喜，以为天下最美的水就在自己眼前。等到他顺流向东，到达北海，满眼望去，海天茫茫不见尽头，河伯才知道原来天下还有更大更美的水，于是幡然醒悟，为自己的自满而自责。河伯见到了大海知道了自己的不足，海神以坎井之蛙的小乐与东海之鳖的大乐作比较，东海之大，不因大禹之时十年九涝而溢满，也不因商汤之时八年七旱而亏水。

北海海纳百川，不因季节或水旱的变化而改变，旱涝自若，海神从来不敢自满，认为在天地之间，自己渺小得如同大山中的小石头或小树一样。庄子通过海神之口认为毫末也不是最小的事物，天地也不是最大的领域，因此，不能以有限的智慧去认知无穷大的领域。庄子的这一见解将人的思维拓展到无穷的宇宙空间，虽然是想象，但也不乏是一种科学思维方式，对无限宇宙空间的认识是人类永恒探究的主题。

庄子从博大的宇宙中得出不自满的结论，值得学习借鉴。但这恐怕还不是庄子的主要用意，庄子创造的大境界实际是为自己的本源、天性思想服务，以自然为宗，复归自然，"无以人灭天，无以故灭命，无以得殉名，谨守而勿失，是谓反其真"（《庄子·秋水》），即不要人为地毁灭自然，不要有心去破坏万物的生命，不要因贪心而损害自己名声。遵守此理而不违背，这就是恢复了天真的本性。

庄子的大境界还虚化出更加理想化的处世哲学，用大与小的对比，建构出自己心目中的人生最高境界。庄子是追求大的，大无处不在。天之大海之阔为大，上古大椿树八百岁为春八百岁为秋之为大，彭祖以长寿闻名之为大，遮蔽数千里之无用之树之为大，无处搁置而无用之葫芦之为大，任公子投竿东海垂钓得大鱼之为大，大是庄子幻化出的理想境界，这是自然的境界，是自由的境界，是虚无的境界，是庄子畅游心灵的境界，是庄子理想化的神人、圣人寄托志向的境界，庄子依这种境界达到了心灵的快慰自适，构成其天地精神，实现了逍遥于世间的目的。

36. 从庄子的"养生"看"养学"

"道"是老庄哲学的根本，"道"就其宏观意义而言就是"自然"，即"道法自然"，而其微观意义则含义丰富。老子的"道可道，非常道"的含义是"能说出来的道理，不是永恒的道理"，"道"是玄妙的，高深莫测的。庄子的"道"包含着多元思想，其"养生之道"的核心就是顺应自然，在《庖丁解牛》一文中得到具体体现。

依乎天理。庖丁在学解牛之前所见到的无非全牛，是老虎吃天无处下口，与众人没有什么区别。庖丁苦练三年功夫，解牛的技艺成熟，而支撑这一成熟技艺的关键就是"依乎天理"，这是庄子养生哲学思想的核心，"天理"就是自然之理，其实就是寻牛的"天理"，即牛的自然结构，这样最终达到目无全牛的境地。文惠王由庖丁解牛得到养生之理，而"养学"又何尝不是如此呢。

培养自己的学识也要遵循自然之理，这个自然之理包括知识的结构之理和求知者的认知之理。知识是有体系的，是有其逻辑关系的，学习就是探求知识的规律的过程，也就是知识的"天理"，掌握了知识的"天理"，就可达到"目无全牛"的境界，就可顺着知识的"天理"一步步去探求问题。北宋王安石笔下的方仲永年幼聪慧过人，提笔作诗立就，他的父亲认为这样有利可图，每天带着仲永四处拜访同县的人，不让仲永学习，几年后这个孩子完全如同常人了。这个故事告诉我们方仲永的父亲不遵循孩子的认知规律，违背自然之理，不进行后天教育，导致了孩子"泯然众人"的结果。

依乎天理，循其规律是"养学"遵循的规律。

游刃有余。庖丁在解牛的实践中总结出，牛的骨节有间隙，而刀刃很薄，用很薄的刀刃插入有空隙的骨节，宽绰有余，就会迎刃而解。庖丁技艺如此高超当然是他苦练基本功的结果，苦练在"养学"中是一个长期的过程。

古人勤学苦练精于技艺的例子不胜枚举，"勤能补拙是良训，一分辛苦一分甜"，"一勤天下无难事"，这些古训都告诉我们做事要成功就必须有"勤"字当头。例如春秋时代楚国的养由基善射，能百步内射中柳叶的"百步穿杨"；出自《庄子·天道》的"轮扁斫轮"这个成语，讲的是春秋时齐国有名的造车工匠用刀斧砍木制造车轮；欧阳修《卖油翁》中的卖油翁将油由钱孔倒入葫芦而钱孔不沾油，这就是熟能生巧这个成语的出处，这几个成语都是指技艺精湛，当然是离不开勤学苦练的。人常讲"艺高人胆大"，庖丁技艺高超，在骨节空隙间运刀，而我们"养学"也应以勤学苦练为出发点，熟能生巧，周恩来总理谈自己的学习体会时说"宁精勿杂，宁专勿多"，就是告诉我们学习要精益求精。

熟能生巧，精益求精，是"养学"遵循的原则。

怵然为戒。庖丁尽管技艺高超，但他解牛时还是十分谨慎小心，顺应牛的自然结构去用刀，避开筋骨纠结的地方，下刀谨慎小心，目光专注，行动缓慢，解牛才能获得最后成功。

我们求学，有时自认为已熟练掌握了方法，往往粗心大意，功败垂成。唐代诗人杜荀鹤的哲理诗《泾溪》写到"泾溪石险人兢慎，终岁不闻倾覆人"，泾溪里面礁石很险浪很急，人们路过的时候都非常小心，所以终年都不会听到有人掉到里面淹死的消息。

规避矛盾，小心谨慎是"养学"的处世方法。

踌躇满志。庖丁解牛的过程是一个享受的过程，是一个符合音律节奏的过程，当这个过程圆满结束后，他提刀而立，志满意得，环顾四周，善刀而藏，俨然是一个胜利者的姿态，对自己取得的成就十分得意。

文惠君由庖丁解牛得到养生之道。庖丁解牛后"踌躇满志"，这是其掌握了解牛技巧之后才达到的境界，然而，掌握了"天理"还不够，还需重视解牛的过程和细节，过程是成功的关键，细节是成功的保证。"养学"的过程又何尝不是这样，我们做事应遵循事物的客观规律，用积极的心态认真做事，享受整个做事的过程，同时对于复杂的事情谨慎小心，认真对待，绝不马虎大意，肯定是水到渠成的。

享受成功，陶冶情操是"养学"的至高境界。

37. 庄子的骨气

　　庄子出身贫寒，靠编织草鞋为生，一生只做过一段蒙地漆园的小官，面对动荡的社会，不愿意与统治者同流合污。《庄子·外物》记录了这样一则故事，庄周家贫，向监河侯借谷物，监河侯说等他收取了封邑之地的税金后再借给庄子，监河侯的不痛快引发了庄子的怒气，他用涸辙之鲋的故事对监河侯进行反击，他对监河侯说，你与其那样，还不如早早到干鱼店铺里去找我。这个故事说明远水解不了近渴，讽刺那些违反自然之道，说大话讲空话的人。庄子不畏权贵，往往通过一些极具讽刺意味的故事表达自己的不满与反抗。

　　庄子秉持老子大道至简的思想，继承老子"圣人处无为之事，行不言之教"（《道德经》第二章）的学说，顺应自然，无作为地处理事情，不发号施令，滥用政令。他鄙弃功名利禄，追求至高无上的理想境界，他说："至人无己，神人无功，圣人无名。"（《庄子·逍遥游》）要做不偏执自己的至人，不追求事功的神人，不追求名声的圣人，这是庄子宏大高远的人生志向，要做一个纯粹的、光明磊落的人，从而达到逍遥的境界。对于那些蝇营狗苟牟取一己私利的人，庄子毫不留情地进行鞭挞，极尽讽刺之能事。

　　庄子与惠子是好朋友，但在政治见解上截然不同。《庄子·秋水》里有这样一则故事，惠子做魏惠王的相，庄子前去看望他，有人挑拨他和惠子之间的关系，对惠子说，来者不善，庄子是想取代你的相位，惠子信以为真，派人在都城中寻找庄子三天三夜，想捉住他。庄子见到惠子后，用一则寓言故事讽刺惠子，说南方有一种高贵的鸟叫凤凰，从南海飞往北海，不是名贵的梧桐树不栖息，不是纯洁的竹实不吃，不是甜美的泉水不喝。一只猫头鹰得到了一只腐烂的老鼠，恰巧凤凰从空中飞过，猫头鹰吓坏了，对凤凰发出怒叱，庄子对惠子说，如今你也想用你的梁国来怒叱我吗？这则故事用猫头鹰吃腐鼠讽刺惠子，言外之意是你的那个梁国相的职位就好比是一只腐鼠，令人作呕，我是不会稀罕的，讽刺了那些以小人之心度君子之腹，醉心于功名利禄的人，表达了厌弃功名利禄的高洁品质。

庄子无心出仕，认为仕途龌龊，会玷污自己，表现出不与统治者合作的决心。楚王派两个大夫去见庄子，传达了希望他能主持国政的想法。庄子打比方说自己宁愿做一只拖着尾巴在泥中游的乌龟，也不愿意做死去了三千年，被楚王供奉在庙堂里的神龟，坚决拒绝了楚王的邀请。

庄子对那些通过阿谀奉承得到好处的人进行无情痛击，批得体无完肤。《庄子·列御寇》中记录了一个叫曹商的人，他受宋王指派出使秦国，出行时宋王赠送他几辆车子，到了秦国赢得秦王欢心，秦王又给他增加车子上百辆，得意洋洋回到宋国见到了庄子，对庄子说，有那样一个人，居住在偏僻狭窄的街巷，贫困到自己编织麻鞋维持生计，脖子瘦得像干柴棒，脸色蜡黄，这是我曹商不擅长的。这显然是在讽刺挖苦庄子，庄子家境贫寒，靠织鞋勉强度日，经常是食不果腹，吃了上顿没下顿，曹商抓住了这一点揭人之短，庄子给予有力回击，他说，我听说秦王有病求医，有能把他的毒疮弄破就赏给一辆车，能舔治他的痔疮的就赏给五辆车子，治的病越脏，得到的车子越多，你得到了那么多车子，你难道舔舐秦王的痔疮了吗？阅读这则故事，让人忍俊不禁，而又觉得痛快，揭开了曹商厚颜无耻的画皮。

其实在战国时期那个混乱无比的年代，凭庄子的才华，出仕做官，混一碗饭吃还是容易的，但他却宁可穷苦终身，固守贫寒，也不愿违背本心做事，与统治阶级同流合污戕害百姓，他在困窘中顺应自然，知天安命，追求自由的精神境界，独得其乐，是一个有骨气的思想家，为后人留下了丰硕的精神财富。

38. 庄子言说"真人"

庄子在唐代被封为南华真人，《庄子》一书又称为《南华真经》。在《庄子·大宗师》中庄子对"真人"进行了言说，那么庄子的"真人"论具有怎样的观点？究竟反映了庄子怎样的思想呢？

何谓真人？古之真人不逆寡，不雄成，不谟士。

庄子认为古代的"真人"有三个特点，即不欺凌少数，不居功自傲，不用不正当手段谋取士人信任。做到了这三点，就会临高不惊，入水不湿，入火不烧，这样就会达到道的至高境界。

《庄子·田子方》里有这样一则故事，列御寇射箭技术高超，给伯昏无人表演射箭本领，伯昏无人说，你这是有心的射箭，不是无心的射箭，你如果登上高山，脚踏在高高的石头上，面对百丈深渊，那时你还能射箭吗？于是伯昏无人便登上高山，脚踩危石，背对着深渊倒退着走过去，脚掌的三分之二悬在空中，拱手行礼让列御寇跟上来射箭，列御寇吓得伏在地上，汗水流到了脚跟。

伯昏无人认为真正的善射应是凝神定气的，一个修养高的至人，他往上能登上青天窥探，往下可以潜入地下的黄泉，精神自由奔放，神情始终不变。因此，列御寇还算不上真正善射的人，达不到至人的境界。

在庄子的思想意识里，塑造了至人、神人、圣人、真人这些理想化的角色，代表了自己道的理想境界。

古之真人，其寝不梦，其觉无忧，其食不甘，其息深深。

古时候的真人，睡眠不做梦，醒来没有忧愁，吃东西不求甘美，呼吸气息深沉。

大道至简，真人过最简单淳朴的生活，没有过多的欲念和追求，不刻意去改变什么，不违背本性，不追名逐利而丧失自我，一切出于本心，安于本心。

古之真人，不知说生，不知恶死；其出不䜣，其入不距；翛然而往，翛然而来而已矣。

古时候的真人，不知道贪图生存，也不憎恶死亡。生不庆幸，死也不拒绝。自由自在地去，自由自在地来。

庄子说，"死生，命也，其有夜旦之常，天也"，人的生命是命运的安排，就如天有昼夜更替一样。人来于自然，顺于自然，归于自然，一切任其自然，把生与死都当作快乐的事，在任何环境都能安时而处顺，安于常分，满足于现状。

古之真人，其状义而不朋，若不足而不承；与乎其觚而不坚也，张乎其虚而不华也。

古时候的真人，形象随和而不结成朋党，谦卑却不奉承；态度安闲自然、特立超群却不固执，襟怀宽阔虚空而不浮华。

在这一认识上，庄子和儒家有相似之处，孔子曰："君子周而不比，小人比而不周。"（《论语·为政》）君子合群而不与人勾结，小人与人勾结而不合群。庄子的交友原则是"君子之交淡如水，小人之交甘若醴"（《庄子·山木》），淡而长久，甘却在一时，这一交友和处世原则在今天都具有借鉴意义。

故其好之也一，其弗好之也一。其一也一，其不一也一。

其一与天为徒，其不一与人为徒。天与人不相胜也，是之谓真人。

天人是合一的，不管人喜欢与否，都是合一的，认为相同是一，不相同也是一，认为天和人合一就是和自然同类，认为天和人不合一就是和人同类。把天和人看作不是相互对立的，这就是真人。

把自己作为自然的一部分，融入自然，达到天人合一的境界，这是庄子思想的核心，也是他"真人"思想的出发点。遵循自然天道，保持自然，天人合一，这是庄子的天地精神。

第十讲

庄子的"无用之用"

事物都是相互依存、相对立而存在的。庄子认为，人处于天地之间，应顺应自然，安时处顺。在对事物的认识上，庄子善于看到事物的对立面，生与死、福与祸、大与小、利与害、是与非、好与坏等相对立的现象，是事物相反或相对的两个方面，在庄子看来它们是一致的，性质是相同的。人的思维方式是否具有创造性，关键就是看这种思维是否具有求异思维，庄子善于在求异中思变，颠覆常规的思维模式，打开了自己的思维通道。他形成了"无用之用"的处世态度，进而形成无为而治的治世思想。人们常常是以有用为用，而庄子认为事物具有无用之用的特点，一棵端庄笔直的树遭到砍伐，生命夭折，而一棵无用的大树却可以延年益寿。因此，有用是小用，无用才是大用。这一讲通过对庄子思想的认识，了解其无用之用的辩证法思想。

39. 庄子的"无用之用"

　　《庄子·人间世》一文中说"人皆知有用之用，而莫知无用之用也"，人们只知用处的小用，却不知道无用才是大用，这是庄子的主要哲学思想观点，是一种相对论的哲学观点，庄子善于看到事物的对立面，生与死、福与祸、大与小、利与害、是与非、好与坏等相对立的现象，是事物相反或相对的两个方面，在庄子看来它们是一致的，性质是相同的。庄子的这种思维方式继承发展了老子的相对论观点，为人们提供了独特的看问题的视角，避免看问题狭隘片面。

　　庄子几次提到一棵大树的命运，《庄子·人间世》记载了这样的故事，一个叫石的木匠去齐国，看到了一棵被奉为社神的栎树，这棵树硕大无比，引来许多围观的人，石木匠连看也不看一眼就走了，徒弟很不理解，想问个究竟，师傅解释道，这是一棵废树，用它做各种物品非烂即坏，因为没用，所以才长寿。夜里这棵栎树托梦给石木匠，说那些所谓有用之树，果实成熟之后被采摘，枝条被折断或拉弯，因有用而危害到性命，中年夭折，自己多次险遭厄运，时至今日才找到无用即是大用，无用才能长寿。庄子通过栎树的自白道出了自己的见解，这是保全性命于乱世的一种方式。

　　这种思维方式对后世影响很大，人们经常说"出头的椽子先烂"，"枪打出头鸟"都是不能保全自己的方式，当然这只应当是苟全性命于乱世的特定时代的处世方式，不应该成为普适的处世原则。

庄子见利思害，见有用思无用，无用即是大用。在庄子看来，"直木先伐，甘井先竭"（《庄子·山木》），栋梁之材的树木先遭砍伐，甘甜的水井首先枯竭。《庄子·山木》里还记载了庄子与弟子在山上见到了一棵大而无用的树，这棵树因无用而保全了自己。到了山下，庄子投宿在好友家，好友吩咐童仆杀鹅招待，童仆问主人，两只鹅，一只爱叫，一只不爱叫，该杀哪只呢？主人说，爱叫的有用处，夜晚能防贼，杀了那只不爱叫的吧。庄子的弟子困惑不解，山上的树因无用而保全性命，山下的鹅因无用而被杀，老师您站在哪边呢？庄子说，我就站在有用和无用之间吧。这就是庄子的智慧，他总是在矛盾纠结处寻找出路，在有用与无用中间选择使得自己活得很累，要想活得不累，只有修道养德，修道养德就是庄子选择的中间地带，在这个地带，能远离世间纷扰，愉快而安适。

在有用与无用之间，庄子也不是一概而论，而是尽量选择最适合的，即何时有用安全，何时无用安全，变无用为有用，变小用为大用。惠子对好友庄子说，魏王送给自己大葫芦种子，结出的葫芦巨大，用来盛水承受不了压力，剖开做成瓢而又太大无处可容，于是将它击破了。庄子说，你真不善于使用大的东西呀，庄子给惠子讲了一个故事，宋国有一个善于制造冻疮药的人，世代以洗丝絮为生，冻疮药能保护手不受冻裂。有一个外地人买了它献给吴王，后来越国侵犯吴国，吴王派他率军抗敌，冬天与越国交战，因为有治冻疮的药方士兵不被冻伤而增强了战斗力，大获全胜，吴王割地封赏了他。同样的东西，有人用它维持生计，有人用它获得封赏，只是因为其用途不同而已。因此，他建议惠子可以将大葫芦系在身上做成腰船，漂游在江海之上。

在庄子看来，事物不存在无用，有的看来无用，但却能延年益寿，保全生命不受侵害；有的在此处无用，但在别处却有用；有的在这里小用，在那里就会有大用。在庄子的眼里，事物无所谓大小、高下、强弱，都有其可用之处。一棵硕大无比的树在实用主义者木匠眼里，就是能不能做成器物，在庄子眼里，它的无用是表面的，其实它有大用，能保全自我。因此，庄子独特的思维方式告诉人们看问题不能凝滞于一时一事一物，把无用当作有用，不受约束，自由地生活在天地之间。

因此，当惠子说自己有一棵大而无用的树，遭人嫌弃时，庄子提出了建议，你为什么不把它种植于旷野，在树下漫步，逍遥自在地躺在树下，也不会遭到砍伐，这样就会远离困苦。这就是庄子无用之用的答案，其目的就是要达到自由自在，不受约束，逍遥地往来于天地之间，这就是庄子所追求的人生境界。

40. 庄子"成语"论道

　　成语是汉语演变过程中的产物，是中国文化的一大特色，是文化宝库中的瑰宝，它脱胎于故事、寓言或典故，沿袭至今，增强了汉语语言的魅力。先秦道家学派代表庄子，以其独特的智慧与深邃的哲理为后人留下了丰富的文化遗产，在他的作品中，有许多经典的成语，包含着丰富的思想。

　　一、遵循规律，顺应自然

　　1.游刃有余：比喻技术熟练，经验丰富，解决问题丝毫不费力。

　　　　彼节者有间，而刀刃者无厚；以无厚入有间，恢恢乎其于游刃必有余地矣。（《庄子·养生主》）

　　那牛的骨节有间隙，而刀刃很薄；用很薄的刀刃插入有空隙的骨节，宽宽绰绰地，那么刀刃的运转必然是有余地的啊！

　　2.目无全牛：比喻技术熟练到了得心应手的境地。

　　　　始臣之解牛之时，所见无非牛者；三年之后，未尝见全牛也。（《庄子·养生主》）

起初我宰牛的时候，眼里看到的是一只完整的牛；三年以后，再未见过完整的牛了。

3. 得心应手：心里怎么想，手就能怎么做。比喻技艺纯熟或做事情非常顺利。

不徐不疾，得之于手而应于心。（《庄子·天道》）

不快不慢，心里怎么想，手就能怎么做

庄子主张自然是无穷的，生命是自然的有机组成部分，人应当遵循自然，顺应自然，安时处顺，与自然融为一体。在《庄子·养生主》里，庄子以庖丁解牛为例，论述其养生的主张，练就超常技艺，避开错综复杂的矛盾，从而达到顺从天道的境界。

二、守住本分，保全自身

4. 昭然若揭：形容真相毕露，所有一切都已显现出来。

昭昭乎若揭日月而行也。（《庄子·山木》）

如果你毫不掩饰地炫耀自己，就像是举着太阳和月亮走路，就免不了有麻烦。

5. 东施效颦：比喻模仿别人，不但模仿不好，反而出丑。

> 故西施病心而颦其里，其里之丑人见而美之，归亦捧心而
> 颦其里。（《庄子·天运》）

从前西施心口疼痛而皱着眉头在邻里间行走，邻里的一个丑女人看见了认为皱着眉头很美，回去后也在邻里间捂着胸口皱着眉头，结果却吓跑邻居。

6. 邯郸学步：比喻一味地模仿别人，不仅没学到本事，反而把原来的本事也丢了。

> 寿陵余子之学行于邯郸，未得国能，又失其故行矣，直匍
> 匐而归耳。（《庄子·秋水》）

战国时期，燕国寿陵有个少年，听说赵国邯郸人走路的姿势很漂亮，便来到邯郸学习邯郸人走路。结果不但没有学到赵国人走路的姿势，还把自己原来走路的姿势也忘记了，最后只好爬着回去。

避世思想是庄子思想的主要出发点，避开乱世，不露锋芒，不与统治者合作，保全自己，归于自然是其思想的主要内容。庄子讲求保全自己的主要方式就是不因仿效而丢失自我，失去自我，应归于本源，归于淳朴，以自然为宗。

三、悠然自得，自由逍遥

7. 鹏程万里：相传鹏鸟能飞万里路程。比喻前程远大。

> 鹏之徙于南冥也，水击三千里，抟扶摇而上者九万里，去
> 以六月息者也。（《庄子·逍遥游》）

鹏往南方的大海迁徙的时候，翅膀拍打水面，能激起三千里的浪涛，环绕着旋风飞上了九万里的高空，此一飞在六个月后才停歇下来。

8. 庄周梦蝶：庄子认为人们如果能打破生死、无我的界限，则无往而不快乐。

> 昔者庄周梦为胡蝶，栩栩然胡蝶也，自喻适志与，不知周也。
> （《庄子·齐物论》）

庄周在梦中幻化为蝴蝶，在天地间遨游，逍遥自在，不知何为庄周。突然醒来，发觉自己仍是庄周。不知是庄周做梦变成了蝴蝶呢，还是蝴蝶做梦变成了庄周。

自由超脱是庄子追求的境界，追求精神上的逍遥自在，精神与万物完全融合，物我合一，物化于自然，归于自然，追求一种绝对的自由，无论是展翅九万里的鲲鹏还是梦为蝴蝶，都是超现实的行为，是对自由的向往与追求。

四、志同道合，情谊深厚

9. 君子之交淡如水：指君子之间建立在道义基础上的交情高雅纯净，清淡如水。

君子之交淡如水，小人之交甘若醴。君子淡以亲，小人甘以绝。（《庄子·山木》）

君子的交情淡得像清水一样，小人的交往甜得像甜酒一样；君子淡泊却心地亲近，小人甘甜却利断义绝。

10. 莫逆之交：指非常要好或情投意合的朋友，简单地说就是志同道合。

（子祀、子舆、子犁、子来）四人相视而笑，莫逆于心，遂相与为友。（《庄子·大宗师》）

四人相互一看，会心地一笑，心领神会，于是互相结为朋友。

11. 相濡以沫：多用来指夫妻感情，也可用于朋友。比喻同在困难的处境里，用微薄的力量互相帮助。

泉涸，鱼相与处于陆，相呴以湿，相濡以沫。（《庄子·大宗师》）

泉水干涸了，鱼就共同困处在陆地上，用湿气相互滋润，用唾沫相互沾湿。原指在困境中的鱼为了生存，互相用口中的水沫沾湿对方的身体。

庄子是孤独的，但他的精神世界是丰富的，他不是只陶醉于超现实的超脱，他也有人世的爱恨情仇，追求真挚的情感，淡泊名利，交往志同道合的朋友是他的处世原则。

五、辩证思维，无用之用

12. 朝三暮四：原指玩弄手段欺骗人。后用来比喻常常变卦，反复无常。

> 狙公赋芧，曰："朝三而暮四。"众狙皆怒。曰："然则朝四而暮三。"众狙皆悦。（《庄子·齐物论》）

宋国有一个养猴的人给猴子分橡子吃，他对猴子说，早上给三个橡子，晚上给四个橡子，猴子大怒，养猴的人又劝说，那就早上四个晚上三个，猴子才欢喜。

站在不同角度，不同立场，人的思维就会得出不同结论。这个成语将养猴人的手段，猴子的急功近利暴露无遗。

13. 沉鱼落雁：形容女子容貌美丽。

> 毛嫱丽姬，人之所美也，鱼见之深入，鸟见之高飞……（《庄子·齐物论》）

毛嫱、丽姬是众人欣赏的美女，但是，鱼见了她们就潜入水底，鸟见了她们就飞到高空。

庄子认为，事物各有特点，没有统一的标准，仁义、是非混杂在一起，怎能知道它们的区别。看待事物见仁见智，出发点不同，角度不同，就会产生不同结果。

14. 似是而非：好像是对的，实际上不对。

> 周将处夫材与不材之间；材与不材之间，似之而非也。（《庄子·山木》）

战国时期，庄子带学生游学各地，见伐木工人砍树，就问为什么不去砍那棵大树，工人说因为它已没有用处了。到了朋友家，仆人问杀鹅的事，主人说杀不会打鸣的那只鹅。砍树不砍那棵无用的树，杀鹅却要杀掉那个不会打鸣的，庄子的学生疑惑不解，庄子对学生说，自己应该处于有用和无用之间，似是而非，这样才谁也抓不住把柄。

庄子用辩证思维分析问题，看待问题，在庄子眼里，表面相对立的事物其实质是一致的，都是随自然而变化的，许多事物的是非标准是难以确定的，不必去苦寻结果，这就是庄子的天地与我同生，万物与我为一的思想。

41. 庄子"奇人"论道

在《庄子》中有那么一些人，他们或身体严重畸形，或缺胳膊少腿，他们有这样三个特点：姓名奇特、身体畸形、本领奇异。是现实中就有这样的人，还是庄子凭借想象创造的形象？庄子通过这些奇特的形象想表达怎样的主张？

安于自然

安于自然就是来于自然，顺于自然，归于自然。日常提到某人原有的身体或个性时人们常说"天生的"，这与庄子的道归自然、自然为宗、天人合一的思想是相契合的。《庄子·德充符》中记载了两个得到君王喜欢的畸形人，一个跛脚、弯腰曲背、无嘴唇，去游说卫灵公；一个脖子上长着大的瘤子，去游说齐桓公，分别得到两位君主喜欢，两位君主反而觉得那些形体健康的人都不好看了，真是爱屋及乌。

庄子归结为"人的德行有过人之处，人们往往遗忘他的外貌"。人的外貌是上天给予的，不可改变，但还有比外貌更重要的，那就是道德，人应安于自然，重于道德，不图谋利益，不雕琢粉饰，不丧失德行，不贪图钱财，有了这四个方面的德行，就是"天养"，即受天地自然的供养，庄子说："天地与我并生，而万物与我为一。"天地万物与我同生共存，与天地自然同为一体。

行于天性

老子提出"无为"的主张，"是以圣人处无为之事，行不言之教"（《道德经》第二章），即圣人无作为地处理事情，无言地实现教化。这是圣人的高明之处，顺应自然，不违背客观规律，不过多干涉，采用独特的教化方式。《庄子·德充符》有这样一则故事，鲁国有个断去一只脚的人叫王骀，孔子的弟子常季问老师，他的学生数量和您的差不多，他既不施教也不讨论，可学生却空手而来，满载而归，竟然胜过您，难道真有不用言语的教导，不动声色就能心领神会吗？孔子做出了评价，他说王骀能不受外物影响，听而不见，视若无物，顺应变化而信守宗旨。醉心于道德的包容与和谐，心若静水，保持天性，使自己正直，无所畏惧，一切归于道。

孔子的阐释道出了人们追随王骀的原因，他不失宗旨，包容万物，保持天性，心静身正，人们自然愿意青睐他，这就是"行不言之教"的效果。

归于道德

庄子的道无处不在，道归于自然，作为人，就要遵循自然法则，顺应自然的变化。庄子认为德重于形，形只是外在的，而德则是内在的，形之丑更衬托出德之美，德具有广泛而深刻的含义。《庄子·人间世》里有这样一个畸形人，他叫支离疏，脸藏在肚子下，肩膀高过头，发髻朝天，五脏穴位朝上，两条腿和肋骨长在一起。就是这样一个奇丑无比的畸形人却能凭借双手自食其力。故事的最后一句，残疾人还可以养活自己，更何况那些德行上有残疾的人呢？可见那些德行上有问题的人，他们是靠巧取豪夺获取财富，竟然比不上一个残疾人。

《庄子·德充符》记载了一个叫申徒嘉的人，他是断足之人，和子产共同向伯昏无人求学，受到子产的羞辱，申徒嘉向子产讲述，自己曾因无双脚而遭讥笑，往往大怒，但老师伯昏无人用善行启迪自己，十九年从不把自己当作残疾人看待，而是以德相教。还有一则故事，有一个叫叔山无趾的人，因触犯刑律而被砍去脚趾，他仰慕孔子，去找孔子求学，他觉得有比脚趾更重要的东西，那就是道德，孔子教育弟子说，断了脚趾，尚且努力求学以弥补过去的过失，何况我们呢？

在庄子看来，残疾只是身体上的缺陷，这是自然的存在，不可逆转，但还有比身体更重要的东西，那就是道德，道德可以弥补缺陷，道德上的缺陷才是最大的缺陷，而身体的缺陷可以用道德来弥补，德高可得到人们青睐，桃李不言，下自成蹊。

成于平和

平和之气是指人内心的宁静坦然，庄子的观点是一切出于自然，不可强求，应返璞归真，遵从生命的起源和自然法则，不追名逐利，不谄媚讨好，保持生命的原汁原味和平淡宁静，庄子说，"君子之交淡如水，小人之交甘若醴"，这就是人与人交往中的平淡，平淡方可持久。

《庄子·德充符》里有一则鲁哀公与孔子的对话，鲁哀公问孔子，卫国有个丑八怪叫哀骀它，男人愿意与他交往，女人见到他向父母请求愿意做他的小妾，而这个人从未听说过他倡导什么，没有高贵地位，没有钱财，但却得到别人的钦慕和信任，甚至有人愿意将国家大政托付给他，这到底是什么原因呢？鲁哀公疑惑不解，向孔子询问。孔子解释道，这样的人一定是"才全"而又"德不形"的人，"才全"就是他内心和谐，保持平和，不会受外界侵扰或侵扰别人，和气生于心。"德不形"

就是德不着形迹，内心静如止水，保持中和之气，万物都不愿离开他。

孔子认为，"德不孤，必有邻"，一个人要得到别人的接纳和信任，就要具备仁德。而庄子则主张向内求，保持内心的宁静、平和，遵循自然法则，德与万物和谐相融，才能久远。

42. 庄子惠子论辩的哲学思想管窥

原文: 庄子与惠子游于濠梁之上。庄子曰: "鲦鱼出游从容, 是鱼之乐也。"惠子曰: "子非鱼, 安知鱼之乐? "庄子曰: "子非我, 安知我不知鱼之乐? "惠子曰: "我非子, 固不知子矣; 子固非鱼也, 子之不知鱼之乐, 全矣。"庄子曰: "请循其本。子曰'汝安知鱼乐'云者, 既已知吾知之而问我, 我知之濠上也。"

(《庄子·秋水》)

庄子曰: 鱼是快乐的。

点评: 庄子之言其实体现了主观唯心主义的哲学思想。世界的存在是以人的情感为转移的, 是人的主观意识中产生的, 是移情于物的写法, 是自我情感的外漏, 夸大了人的主观能动性。人的情感是随着外在事物的变化而变化的, "登山则情满于山, 观海则意溢于海", 这是许多文学作品产生的作家情感基础。

惠子曰: "子非鱼, 安知鱼之乐? "

点评: 惠子的问话包含了唯物辩证法思想。世界的存在不以人的意志为转移，它是客观存在的，不是在人的主观意识中才有的，因此鱼的乐与否不是人认为它有就有，而是由物的自身所决定的，如"春江水暖鸭先知"。

庄子曰："子非我，安知我不知鱼之乐？"

点评：这其实还是唯心的思想。鱼的乐与否是取决于我的主观能动性的，我认为它乐它就乐。

惠子曰："我非子，固不知子矣；子固非鱼也，子之不知鱼之乐，全矣。"

点评：惠子这时用了三段论的哲学推理。
大前提：因为我不是你，所以我不知道你知道鱼的快乐。
小前提：但你不是鱼，你本来就不知道鱼的快乐。
结论：你不知道鱼的快乐。

庄子曰："请循其本。子曰'汝安知鱼乐'云者，既已知吾知之而问我。我知之濠上也。"

点评：庄子又采用了偷换概念的办法。庄子紧紧抓住对方的语言，进行了巧妙的概念偷换。"安知"即可解释为"怎么知道"，又可解释为"从哪里知道"，庄子就将"怎么"这一带有主观情感色彩的概念偷换为"哪里"，即从你的问话可知鱼的快乐是一定的，我是在濠水的桥上知道的。

总评：两人的确是论辩的能手，难怪庄子送葬，经过惠子的墓地，回过头来对跟随的人说："自从惠子离开了人世，与我搭档的伙伴没了，再也没有可以与之论辩的对手了！"两人的论辩庄子是感性的，惠子是理性的；庄子是主观唯心主义思想，而惠子却带有唯物主义色彩；惠子运用了三段论的辩论技巧，而庄子则使用偷换概念。其实两人辩论无赢家也无输家，但却让人忍俊不禁，乐在其中，思在其中，包含了辩证的哲学思想。

第十一讲

王阳明知行合一

王阳明是中国历史上一位传奇式人物，他爱好广泛，文韬武略并举。阳明先生少年时就立下了圣人之志，将"读书学圣贤"作为第一等事，终身奉行，至死"我心光明"。阳明继承并发展儒学，从"格"竹入手，研究竹节里面的结构，得出向内探求本心，从心上下功夫的阳明心学。阳明心学的核心要素包括心即理、知行合一、致良知等理论，并自成体系。阳明的传奇人生主要是在被贬谪到贵州龙场做驿丞那段时光，他静心修道，悟出了原来天理不在事物中，而在自己心中，道即吾心，这就是传扬后世的龙场悟道。他收徒讲学传授儒学思想，对学生提出了"立志、勤学、改过、责善"四条教规，也留下了许多富含道理的名句：人要立志，"志不立，天下无可成之事"，"立志而圣则圣矣，立志而贤则贤矣"；圣人的道就在我心里，"圣人之道，吾性自足"；知行要合一，"知是行之始，行是知之成"。这一讲主要围绕阳明心学的主要内容，结合其生平主要事迹，理解其思想及价值意义。

43. 探求真"知"，此心光明

王阳明（1472-1529），名守仁，字伯安，号阳明，浙江余姚人。明代著名的思想家、文学家、哲学家和军事家，一生爱好广泛，精通儒家、道家、佛家。

十二岁立志"读书学圣贤"

王阳明自幼好学善思，十二岁念私塾时就请教老师："何为第一等事？"老师回答说："唯读书登第耳。"老师认为第一等事就是考取功名，但王阳明却另有见解，他认为"读书学圣贤"才是第一等事。这一观点与孟子的"人人皆可为尧舜"的观点是一致的，王阳明认为圣贤可学而至，自幼立下了圣人之志，他还说："志不立天下无可成之事。"立志是人生成人成才之始。

十八岁学"格物"之法

"格物"是儒学八条目之一，《礼记·大学》中有："致知在格物，物格而后知至。""格物"就是推究事物的原理。王阳明遍读朱熹的著作，受其思想影响，于是开始做"格物"的功夫，决定研究外物，寻求其蕴含的道理，于是每日对着庭院中的竹"格"，研究"竹"所包含的理，结果一星期就劳思致疾，病倒了，没有悟出任何的理。这件事让他沉思，凡事向外求必难达到预期的目的，必须向内求，于是转向学习另一位理学家陆九渊的思想，陆九渊主张"尊德性"，即在心上下功夫，向内求，认为心即理，理即是心。这一转向为以后成就自己的学说打下了理论基础。

青壮年时期的"五溺"之习

王阳明的好友湛若水评价他有"五溺"，"五溺"是指王阳明依序沉溺于五个领域，是其思想变迁的五个过程，是指阳明归正于圣学之前的五种嗜好，即任侠、骑射、辞章、神仙、佛氏。这是他人生的探寻期，这一阶段他的人生充满着矛盾和不确定性，但也显示了他爱好广泛和才华多样。他具有侠义精神，学习骑射，博览兵家书籍，研习排兵布阵。研究辞章之学，筑室于阳明洞中行导引术，学习神仙之术，佛术。青年时期的王阳明苦苦寻觅，上下求索，徘徊于入世与出世之间，但始终未找到安身立命之处。

王阳明学说的"三变"

钱德洪的《刻文录叙说》里说阳明的学说有"三变"，这是他进入中年教育学生的过程中形成的方法和思想。

三十三岁后，他主考山东乡试，显露才华，第二年聚徒讲学，教育他们立下必为圣人的志向，教他们做修养身心的功夫。

三十八岁龙场悟得"知行合一"为一变。三十六岁那年，宦官刘瑾专权，阳明因上疏得罪，被贬谪为贵州龙场驿驿丞。这是他人生的重大转折，面对恶劣环境和生命威胁，他超脱一切得失荣辱，日夜端居沉默，参悟出人生道理。他悟出所谓圣人之道吾性自足，从前求理于事物之间是不对的，从而悟出"知行合一"的学说。

四十二岁时教人"静坐澄思"为二变。阳明不以熟读经书为唯一的习德方法，他教人静坐澄思，以求恢复本性之善，善的本性恢复，圣人也就可学而至。但阳明认为静坐也有弊端，一味静坐会喜静厌动，是背离恢复善性的旨意的，静坐有益于初学者。

五十岁后悟得"致良知"为三变。"致良知"是阳明在百死千难中悟得的，是阳明学说的高峰。"致知"一词出自《大学》，"格物、致知、诚意、正心……"，"致"即求得，"知"即知识，即"获得知识"之意。"良知"一词出自《孟子·尽心上》："人之所不学而能者，其良能也；所不虑而知者，其良知也。"就是指人的天性，不学而能，不虑而知。简而言之，良知是人的天性，人人皆有良知，心即是良知，凡事在心上下功夫。"致良知"就是为善去恶，恢复人善的本性。这一观点是儒家为善思想的进一步深化。

五十七岁"此心光明"

王阳明一生短暂，修行不止，求索不息，创造性提出"心即理、知行合一、致良知"的学说，自成体系，他能狂能静、能文能武、能佛能道、能儒能禅，其哲学思想对后世影响深远。

44. 王阳明修行二三事

"天下第一等事"之说

王阳明十二岁上私塾，就表明观点，天下"第一等事"就是"读书学圣贤"，其思想深受儒家传统文化影响，承袭了儒道积极入世的思想，孟子在《孟子·告子下》中提出"人皆可以为尧舜"，也就是人人都可以做尧舜那样的贤人，阳明先生进一步提出"人人皆可成圣"的主张。当然，这个主张的提出是有条件的，他充分肯定了人的可塑性，说明人的潜能是无限的，一心向圣是许多人的追求。

"龙场教条"之说

阳明先生在被贬至贵州龙场开班讲学时，在《教条示龙场诸生》中为弟子立下四条规矩，即立志、勤学、改过、责善。现在依然具有极大的借鉴意义，这可能就是向圣的渠道吧。

立志

阳明先生说"志不立，天下无可成之事"，一语道破成事的首要途径，那就是立志。这与儒家学派创始人孔子的观点高度契合，从大的方面讲，夫子"志于道"，就是以道为志向，"朝闻道，夕死可矣"。阳明先生的立志不仅仅局限于学的方面，还具有更广阔的范围，他强调"故立志而圣，则圣矣；立志而贤，则贤矣"。

勤学

关于勤学，子曰"吾十有五而志于学"，孔子十五岁就立志于学习，他评价颜回是其弟子中最好学的人，这种立志学习的思想一直延续到荀子，荀子在《劝学》篇中第一句就讲"学不可以已"，深入阐述了学习的重要性。阳明认为，"已立志于君子，自当从事于学，凡学之不勤，必其志之尚未笃也。"阐明了立志与勤学的关系，有了志向，就应当发奋求知，他认为人的天资禀赋即使驽钝，但如果勤学好问，也能有所成就。

改过

"改过"，有人指出了孔子的缺点，孔子曰："丘出幸，苟有过，人必知之。"他认为别人能指出自己的过错自己是幸运的，他的弟子子贡说："君子之过也，如日月之食焉：过也，人皆见之；更也，人皆仰之。"意思是君子的过错就像日食月食一样，有过错时，人人都看得见，改正的时候，人人都仰望着。孟子有言"闻过则喜"，就是能虚心接受别人提出的意见，阳明先生借鉴前人之说提出"故不贵于无过，而贵于能改过"，"人孰无过，改之为贵"。改过是自新的前提条件，小的改正就是小的进步，大的改正就是大的进步。

责善

阳明认为"责善，朋友之道"，其实"责善"这个词语在孔子的言论中就出现了，子曰："三人行，必有我师焉；择其善者而从之，其不善者而改之。"学人好的方面，摒弃不好的方面。阳明坚决施行善，弃不善，他说"凡攻我之失者，皆我师也，安可以不乐受而心感之乎？"他以能指出自己过失的人为师，且高兴地接受，心怀感激。

"阳明悟道"之说

王阳明十八岁时跟随儒者学"格物之学",认为圣人可学而至,于是开始做格物的功夫。遍读朱熹的书,认为事物都蕴含一定的理,便对着庭中竹子去"格",即穷究竹子里包含的理,要沉思出竹所蕴含的理,结果是不仅没有悟出道理,反而患了重病。被发放到贵州龙场驿,条件恶劣,他日夜端居澄默,静心修炼,觉悟出所谓圣人之道吾性自足,从前如格竹求理于事物之间是不对的,也就是说向外求理之路不通,要向内探求本心,这就确定了他对"格物致知"的见解,即心学,得出了心即理的主张,人只有存天理,去私欲,从内心觉悟,才能达到至善的境地。

45. 王阳明"心学"浅说

王阳明的学说归结为一个词，即"心学"，似乎深妙莫测，也就是其所有的"道"都蕴含在"心"里，粗浅学习，只略知其修行的一些元素，即"心即理、知行合一、致良知"，深受启发。

"心即理"

王阳明主张心即理，做事要从心上下功夫，"心"体现在起心动念处，万事起于心，心有正有邪，有直有偏，有恶有善。亚圣孟子在其《孟子·尽心上》中说："尽其心者，知其性也。知其性，则知天矣"。意思是尽自己的善心，就是觉悟到了自己的本性。觉悟到了自己的本性，就是懂得了天命。懂得天命是儒家生命觉醒的至高境界，然而应当从善心开始，阳明先生所说的心其实就是善心，他继承并发展前人的思想，提出了"心即理"的主张，"理"就是"天"，即天理，"本心"就是"天理"，具体地讲就是一个人只要其本心是善良的，就是符合天理的，天理就是天道，是自然的法则，是能为人主持公道的，天理昭彰，人人心中有天理。天理是公正无私的，是人人都应去追捧和呵护的。所以，阳明先生的这一思想告诉我们为人处世的原则，就是要存正心、善心，去邪心、私欲，能经受得住天理的考验。

"知行合一"

"知行合一"是阳明哲学思想的核心要素之一，王阳明反对程朱学派的"知先行后"的主张，提出"知行合一"的主张。阳明先生在《传习录》中说"知者行之始，行者知之成"，"知"就是知道、觉知、知晓，"行"就是行动、实践、践行。以往许多人只是在"知"上下功夫，两耳不闻窗外事，一心只读圣贤书，但是往往缺乏了实践，阳明先生强调要在事上磨炼。"知"如果背离了"行"，则就失去了依托，"行"如果失去了"知"，则是无源之水。知是行的准备，行是知的落实，知行合一，才能行至久远。知行合一思想对于人的"行"是一个很好的指引，人们往往重知而轻行，宋代诗人陆游的诗中有"纸上得来终觉浅，绝知此事要躬行"，能够解切解释知与行的概念。

"致良知"

"良知"一词出自《孟子·尽心上》，"人之所不学而能者，其良能也；所不虑而知者，其良知也"。解释为人不用学习就能做的，是天生的本能。不用思考就知道的，是天赋的道德观念。孟子将这个观点归纳为四个方面，即恻隐之心、羞恶之心、辞让之心、是非之心，四者分别是仁、义、礼、智的发端。"致知"也是儒家经典《大学》八修的条目之一，即"诚意、正心、格物、致知、修身、齐家、治国、平天下"。

阳明先生继承并发展先儒的思想，提出了"致良知"的思想。"致良知"就是达到天赋的道德观念。也就是一个人，只要他反求于内心，从心上下功夫，不断反省自己，实现生命的高度自觉，恢复良知，就能接近圣贤了。这个观点也印证了孟子的"行有不得，反求诸己"的观点，我们做事，往往会找客观原因，会找出客观上与自己不利，制约自己的种种因素，却忽略了对自己主观原因的分析，遇事怨天尤人，不能反躬自省，"致良知"是阳明先生留给我们的很值得躬行的处世哲学。

46. 知行合一

　　"知行合一"是明代儒学代表王阳明思想的核心之一，是儒家思想的基本理念。"知"就是良知，即认知，"行"即践行，王阳明认为，只有把认知和实践统一起来，才能称得上"善"。致良知，知行合一，是阳明思想的核心。

　　中华传统文化往往将知识的学习与践行融为一体，至于知与行的关系，王阳明说："知是行之始，行是知之成。圣学只一个功夫，知、行不可分作两事。"（《传习录》）即认知是践行的开始，践行是认知的成果。王阳明认为，认知与践行是相伴而行，并行不悖的，二者不是两件事，不是先有认知，然后才去践行，而是"知行合一"的，这是王阳明认识论与实践论的主要思想，二者本质上是一致的。

　　古人重知重行，试图达到二者的完美统一。"纸上得来终觉浅，绝知此事要躬行。"（《冬夜读书示子聿》）是陆游的一首教子诗，从书本上得来的知识，毕竟是肤浅的，想要深入理解其中的道理，必须要亲自实践才行。这就是知与行结合的重要性，说明要在学懂弄通的基础上还要在做上下功夫，要做的实。儒家学派创始人孔子也有"君子欲讷于言而敏于行"（《论语·里仁》）的言论，就是君子说话要谨慎，行动要敏捷，这是说话做事的原则，要勤于做事，慎于说话，反对夸夸其谈。

　　认知与践行是由学习到实践的两个重要过程，古人很看重学习的内在联系，《礼记·中庸》中有这样的励志名句，"博学之，审问之，慎思之，明辨之，笃行之"。道出了学习过程的五个方面，具有内在的逻辑关系，学习要广泛涉猎，学不懂的要有针对性地提问请教，要学会周全地思考，形成清晰的判断力。"笃行"就是要用学习得来的知识和思想指导实践。学习经历学—问—思—辨—行这五个过程，学习的过程最后落实于"笃行"，最终要付诸实践，荀子说："知之不若行之，学至于行而止矣，行之，明也。"（《荀子·儒效》）实践比知晓好，荀子清晰地告诉我们学习的落脚点就是实践，实践了才能达到最终明白。

知行合一始于知，重在行，人们往往重于认知，重于对知识的学习领悟，却忽视了行。朱熹说："学之之博，未若知之之要；知之之要，未若行之之实。"（《朱子语类》）即学习得广博，不如掌握住要点，掌握住要点，不如付诸实际行动。朱熹认为，在学、知、行这三者之中，广博的学习是必要的，掌握知识的要点也是重要的，但与行相比，重中之重应落在实际行动中，践行才是关键。

中华文化重视理论与实践的结合，人的认知需要与实践结合，只有在实践中才能获得真知，从古到今人们都认识到了"行"的重要性，知行合一、言行一致、躬行不辍、身体力行，"行"就是行动力、执行力。荀子说："道虽迩，不行不至；事虽小，不为不成。"（《荀子·修身》）路程再短，不走就不能到达；事情再小，不做就不能成功。

诸子思想融合

先秦时期是我国文化空前繁荣时期，出现了墨家、儒家、道家、法家等诸子百家，这些流派各成体系，各有主张。先秦诸子多元的思想体系代表了不同的思想，是我国文化史上的瑰宝。如果我们进行更细致地研究，会发现各流派间存在着一些共性的东西，他们关注同一话题，他们的思想在同中有异，异中趋同，有一定的融合，实现了文化的融通。诸如同为儒家代表的孔子、孟子，在对"仁"的认识上，有继承，又有发展创新。关于"爱"的话题，孔子、孟子、墨子都有自己的见解，同中有异。关于对话的交流方式，孔子、孟子、庄子都是在对话中彰显了自己的智慧。关于诸子思想的融通，研究的空间很大，本讲座通过比较研究，在探究诸子思想不同风格的同时，着力探究他们思想趋同的地方，同时粗略梳理诸子思想体系建构的脉络，形成更为完整的认知。

47. 孔孟"仁"哲学思想体系管窥

"仁"是孔孟思想永恒的话题，自儒家创始人孔子提出后，"仁"成为其哲学思想的核心。孟子进一步传承发展了这一思想，赋予了"仁"更广泛而深刻的含义。

先秦诸子所处的春秋战国时期，诸侯争霸，战事频仍，民不聊生，天下无道，是个礼崩乐坏的时代。诸子们奔走呼告，宣传自己的主张，希望改变社会现状。孔子冒着生命危险，挺身而出，"以仁为己任"，"杀身以成仁"，把施行"仁"作为自己的责任，为了"仁"宁可牺牲自己的生命，具有极强的责任感与担当意识，虽然希望渺茫，前途暗淡，但他依然"知其不可为而为之"，执着而坚决，展现出诸子极具责任感和担当意识的个人魅力，吸引着一代代后生推崇与追随，其中又以亚圣为甚。孔孟在"仁"思想体系的建构上有以下几个方面贡献。

观点一："仁"就是修身

孔子提出"克己复礼为仁"的思想，子曰："克己复礼为仁。一日克己复礼，天下归仁焉！"（《论语·颜渊》）即克制自己的私欲，回复到礼，就是"仁"。"克己复礼"是对"仁"的解释，礼以仁为基础，仁由礼来维护，包含了两个层面的意思，一是克己，就是克制自己，摒弃私欲。二是复礼，按照礼的要求去做，规范自己的行为，不逾越礼的要求。孟子继承了孔子的仁礼思想，孟子曰："君子以仁存心，以礼存心。"（《孟子·离娄下》）孟子认为，君子之所以跟一般人不同，是因为他把仁放在心中，把礼放在心中。

在对待仁与礼的关系上，孔子注重于克制自己，加强自身修养，孟子在这一思想的基础上，向人们提供了之所以异于人的君子的样板，君子将仁安放在心里，凡事要向内求，反躬自省，告诉人们实现仁的方法。"仁"重于内修，"礼"重于外炼，两者紧密结合，相得益彰，最终实现"仁"。

观点二："仁"就是爱人

孔子的弟子樊迟问老师什么是仁，樊迟问仁，子曰："爱人。"（《论语·颜渊》）孔子回答说仁就是爱人。这里孔子提出了可贵的仁爱思想，即把人当作人来看待，体现了先秦的人本思想和人文精神，对后世影响深远，孟子曾引用孔子的话，"仲尼曰：'始作俑者，其无后乎！'为其象人而用之也。"（《孟子·梁惠王上》）孔子气愤地责骂那些用俑来陪葬的人，说他们该断子绝孙，孟子解释孔子之所以如此气愤，就是因为木俑像人，不该用像人的木偶作陪葬，这实际就是对人的重视。仁爱思想到孟子得到了更进一步发展。孟子曰："仁者爱人，有礼者敬人。爱人者，人恒爱之，敬人者，人恒敬之。"（《孟子·离娄下》）孟子重申"仁者爱人"的观点，仁慈的人怜惜别人，有礼节的人尊敬别人，并且强调爱与敬都是相互的，这是对等的处世原则，你对待别人怎样，别人就会怎样对待你。仁爱礼敬是彼此关切的，不是孤立存在的，孟子将仁爱观点具体化，仁爱思想更加成熟，仁爱思想体系进一步确立。

观点三："仁"就是推己及人

"仁"的另一含义就是推己及人，子曰："夫仁者，己欲立而立人，己欲达而达人。"（《论语·雍也》）"己所不欲，勿施于人。"（《论语·卫灵公》）这则语录是实行仁的原则，要成为仁人，就是自己站得住的同时，也要帮助别人一同站得住；自己过得好，也要帮助别人一同过得好。自己都不想要的东西，一定不要强加给别人。这一原则的价值在于打破了个人主义、利己主义思想，能站在别人的角度考虑问题，这是思维方式的极大转变。到了孟子，提出了更具体的内容，孟子曰："爱人不亲，反其仁；治人不治，反其智；礼人不答，反其敬。行有不得者，反求诸己。"（《孟子·离娄上》）进一步阐释了反躬自省的道理，他说，爱别人，别人不亲近自己，要反省自己的仁；治理别人没治好，要反省自己的智；以礼对待别人，别人却不对自己以礼相待，要反省自己的敬。归纳为一句话，做事未达预期效果，就要反过来寻找自己的过失。孟子这则语录中"反其仁""反其智""反其敬""反求诸己"都亮明了一个观点，那就是人一定要向内求，学会自省，凡事都应反问自己，孟子将这一思想进一步发展为"推恩"，就是推行自己的恩德，把自己的仁德、礼仪推己及人发扬出去，他说："老吾老以及人之老，幼吾幼以及人之幼，天下可运于掌。"（《孟子·梁惠王上》）意思是尊敬自己的长辈，从而推及到尊敬别人的长辈，爱护自己的孩子，从而推及到爱护别人的孩子，这样治理天下就容易了。推广恩德不仅仅是个人修养问题，对于治理国家也是有极大作用的。

观点四："仁"就是性善

性善论是孟子思想的核心，孟子继承并发展了孔子的仁爱思想、修身思想、推己及人思想，最后都归结到性善论，孟子曰："恻隐之心，人皆有之……恻隐之心，仁也。"（《孟子·告子上》）孟子认为人人都有同情心，同情心是仁的萌芽，具备了同情心，就能设身处地为别人着想。作为统治者，具备了同情心，就会行王道，实行仁政，减少劳役赋税，减少战争杀掠，关心百姓的农桑渔业，兴办学校教育，并且忧民之忧，乐民之乐，这样就能称王天下，这是孟子民本思想的集中体现。

"仁"的思想体系历经孔子、孟子，共同赋予了"仁"更加广泛而又深邃的含义，共同构建成了"仁"的哲学思想体系。

48. 爱的话题：管窥诸子的"爱"思想

爱是永恒的话题。爱无所不在，长辈对晚辈的慈爱，朋友之间的友爱，恋人之间的情爱，兄弟姐妹之间的关爱等。先秦时期，爱也是诸子百家讨论的话题之一，比如儒家学派创始人孔子的仁爱思想，亚圣孟子提出的民爱思想，墨家学派创始人墨子提出的兼爱思想，这些思想共同构成了爱的话题。

孔子的"仁爱"思想

> 樊迟问仁，子曰："爱人。"（《论语·颜渊》）

樊迟问老师什么是仁，孔子回答说仁就是爱人。孔子对仁爱思想的阐释就是"己所不欲，勿施于人"，即自己都不愿意要的不要强加于别人，这种推己及人的思想，更进一步阐发为"己欲立而立人，己欲达而达人"，既要想自己站得住，也要帮助别人一同站得住；要想自己过得好，也要帮助别人一同过得好，这是实行仁的重要原则。

孔子的仁爱思想是一种极高的理想标准，他认为所谓仁就是关爱所有的人，无论仁君或仁人志士都应以关爱人为前提条件

"仁爱"满足这样的条件：仁爱 ⟹ 爱人

孟子的"爱民"思想

> 君子以仁存心，以礼存心。仁者爱人，有礼者敬人。爱人者，
> 人常爱之。敬人者，人常敬之。（《孟子·离娄下》）

君子把仁放在心中，把礼放在心中。仁慈的人怜惜别人，有礼节的人尊敬别人。怜惜别人的人，人往往拥戴他，尊敬别人的人，人往往尊敬他。孟子对孔子仁爱思想进一步发扬光大，明确提出给人以爱需要以仁存心，给人以敬需要以礼存心，这个人际交往的价值观念，主张人们互爱互敬，推己及人，实现人与人的和谐相处。孟子还指出，统治者对老百姓要施爱施礼，以仁爱之心对待老百姓，将老百姓的疾苦放在第一位，老百姓就会亲近，国家就会治理得好，就会实现社会的和谐。孟子的爱民思想就是他的民本思想，这一思想触及到统治阶级利益，因此实施起来是有难度的。

孟子的爱民思想的集中体现就是推恩，即人与人之间，统治者与老百姓之间都应该推己及人，这一思想的达成是互相的、彼此的，你怜爱别人，别人反过头来就会爱戴你。

"爱民"满足这样的条件：爱人 ⟷ 人爱

墨子的"兼爱"思想

> 若使天下兼相爱，爱人若爱其身，犹有不孝者乎？（《墨子·兼爱》）

如果天下人都能相互关爱，爱别人就像爱自己，还能有不孝的吗？兼爱思想是墨子思想的核心，兼爱要求人与人之间彼此相爱，爱人如爱己，这种爱可以跨越血缘、年龄、国界、贫富、等级、地位等的束缚，墨子将社会混乱的原因归结为不想爱，他也为自己提出的兼爱思想寻找到了依据。

墨子认为，自己所说的兼爱是从大禹、文王、武王、商汤这些古代名君那里取法来的，这些名君他们不偏私，为政公正，赏贤罚暴，兴利除害，他们具有兼爱思想，因此得到了老百姓的拥戴。以古代名君的事例为依托，墨子建构起了兼爱的思想体系。

墨子从正面提出了兼相爱，交相利的观点，即彼此相爱，对彼此有利，兼相爱等于爱其身。同时指出兼相爱则治，交相恶则乱，兴天下之利，除天下之害。即统治者在治理国家时，一定要禁止相互仇恨而鼓励相爱，天下人相亲相爱就会治理好，互相憎恨就会混乱，因此，仁人的事业，应当努力追求兴起天下之利，除去天下之害。这是墨子兼爱思想的核心，也是向统治者提出的理想化的要求。

"兼爱"满足这样的条件：兼相爱 $\longleftrightarrow$ 爱其身

先秦诸子所构建起来的爱的思想体系虽然带有理想化色彩，难以为统治者所采纳，但这些思想在当下依然是处理人际关系和治世之道的很好的参考依据，无论是孔子的仁爱思想，孟子的民本思想，还是墨子的兼爱思想，都注重人的存在，将人放在第一位，以人为本，这些思想对于构建和谐社会，促进社会和谐发展具有重要意义。

49. 对话的智慧

　　对话作为一种交流方式，有其独特的特点，具有亲近感、现实性、灵活性，便于思想的交流、沟通、碰撞、融合。先秦诸子对话交流各有特色，如孔子与弟子的对话，循循善诱；庄子与朋友的对话，诙谐幽默；孟子与国君的对话，因势利导，他们在对话中擦出智慧的火花。先秦诸子的对话有以下几种形式。

启发诱导式对话

　　启发诱导是常用的教学方法，这是孔子倡导的教学方式。诱导式对话就是指用启发诱导的方式实现对话。

　　孔子提出启发式教学，子曰："不愤不启，不悱不发，举一隅不以三隅反，则不复也。"（《论语·述而》）意思是教导学生不到他想弄明白却没弄明白的时候，就不去启发他，不到他想表达某种意思却表达不出来的时候不去开导他。教给他一个方面的东西，而他却不能由此而推知另外三个方面的东西，那就不再教他了。这就是启发式和举一反三两个词语的出处。孔子教学中采用启发式，经常与弟子对话交流，但也不是一开始都有好的交流氛围，有时候弟子们三缄其口，氛围尴尬，这时孔子就采用诱导式，开启对话之门。

　　《论语·先进》中有弟子陪侍孔子一章，孔子首先说，你们不要因为我的年龄比你们长一些就受拘束而不敢说话，就这一句看似平常的诱导语，打破了僵局，弟子们才如释重负，纷纷表达自己的理想。可见诱导式对话能打消顾虑，营造出和谐融洽的谈话氛围，启发人思考，能取得好的谈话效果。

创设情境式对话

创设情境就是在特定环境下的对话方式，触景生情，情境决定了对话的内容。

庄子与惠子是一对辩友，或者说是一对损友，两人智慧超人，他们的辩论经常让人忍俊不禁而又充满思辨的哲理，发人深省。难怪惠子去世后庄子慨叹道：自从惠子去世后，我没有可以匹敌的对手了，我没有谁可以说话了，表现出对惠子的怀念。《庄子·秋水》中有这样一则故事。有一次庄子和惠子在濠梁桥游玩，庄子触景生情说，鱼自由自在地游动，这真是鱼的快乐啊！惠子说你不是鱼，怎么知道鱼的快乐？庄子对答道，你不是我，你怎么知道我不知道鱼的快乐？惠子又说，我不是你，当然不了解你。但你本来也不是鱼，你也不知道鱼的快乐。庄子说，你开始就问我是怎样知道鱼的快乐的，前提是你已经知道我知道鱼的快乐才来问我，我是在濠梁桥知道鱼的快乐的。

这个对话发生的情境是在一座桥上，画面有桥，桥下有水，水中有鱼，桥上有庄子和惠子。特定的情境引发了两人的对话，对话围绕"鱼是否是快乐的"展开，这里有庄子的主观感受，有惠子的理性发问与思辨，也有庄子的理性回归和偷换概念，辩论幽默有趣，反映了庄子超然物外的思想，他巧妙地把自己的情感转移到鱼身上，认为鱼是快乐的，而惠子则是基于现实发问刁难，妙趣横生。

巧设比喻式对话

这种对话方式巧用比喻的修辞技巧，形象生动，寓意深刻。

《庄子·秋水》中还有一则故事，也是围绕庄子和惠子展开的，惠子在梁国做相，庄子前去探望老朋友，有人告诉惠子说来者不善，庄子是想取代你的相位，惠子惊恐万分，派人在都城中搜寻庄子三天三夜。庄子不慌不忙来见惠子，给惠子讲了一个故事，他说南方有鸟叫鹓鶵，这鸟从南海飞往北海，不是高洁的梧桐树不停息，不是精美的竹实不吃，不是甘甜的泉水不饮。有一只猫头鹰得到了一只腐烂的老鼠，鹓鶵正好飞过这里，猫头鹰仰起头怒斥鹓鶵，害怕鹓鶵来争，于是说，今天你难道要用你们的魏国来吓我吗？

庄子去看望惠子，有人挑拨，惠子起疑心，庄子讲故事打比方进行讽刺。庄子用鹓鶵比喻志向高洁之士，代指自己，用猫头鹰护腐鼠的丑态比喻善于猜忌、醉心功名之人，其实就是指惠子。这个看似妙趣横生的对话，正是庄子厌弃功名利禄的无为思想的体现，耐人寻味而又发人深省。

因势利导式对话

这种对话方式能把握谈话先机，欲擒故纵，步步紧逼，说服力强。

《孟子·梁惠王上》中记载了孟子与梁惠王的对话，梁惠王认为自己在治理国家上算是够尽心的，但邻国的老百姓没有更少，自己的老百姓没有更多，他很苦恼，就这件事询问孟子，孟子巧妙设喻，抓住了对方的心理：大王您喜欢打仗，让我用打仗来做比喻，通过"五十步笑百步，则何如"的反问，诱导对方在不知不觉中说出来否定自己观点的话，这就叫投其所好，因势利导，诱导对方就范，从而宣传自己的仁政思想。

　　这是孟子与君主谈话经常使用的对话技巧，在《孟子》第一篇中，孟子与梁惠王的对话，孟子去拜见梁惠王，梁惠王说：你不远千里而来，将能给我国带来什么利益？孟子因势利导，紧抓"利"这个词不放，说出一个国家，如果大家都争相谈利，只会互相争夺利益，那么这个国家就陷入危险境地了，进一步谈争利的弊害，从而引出自己行仁义，行王道的观点，水到渠成。

　　谈话是一门艺术，有技巧可寻，先秦诸子的对话或循循善诱，或庄重严肃，或亦庄亦谐，或诙谐幽默，或因势利导，形式灵活，充满智慧，同时在对话中阐明自己的政治主张。对话作为一种交流手段，无论在学校教育中，社会生活中，还是国际交往中依然发挥着重要作用。

50. 善始易善终难：以老子、孔孟语录最后一则为例

人们常说善始善终、有始有终，这两个词语都有做事不能半途而废的意思，实际上更强调"有终"，日常生活中我们往往有始无终，或善始而不善终，导致做事无果而终。我们都知道《道德经》第一章为"道可道，非常道；名可名，非常名"，《论语》第一章"学而时习之，不亦说乎？有朋自远方来，不亦乐乎？"，《孟子》开篇为孟子与梁惠王的对话，但未必知道圣贤著述最后一篇内容，以下对三位圣人语录的最后一章内容略作探讨。

依礼行事是安身立命之本

> 子曰："不知命，无以为君子也；不知礼，无以立也；不知言，无以知人也。"（《论语·尧曰》）

《论语》最后一则是孔子向人们发出的告诫。这则语录从三个方面阐述了孔子的观点，即一个人要能成为君子就要知命；要学会立身处世就要知礼；要能了解人就要学会分辨是非。这是夫子对自己观点的总结，也是再次向人们发出的告诫。《论语》中孔子在总结自己一生的过程中提出"五十而知天命"，"知命"就是五十岁知道哪些是不能为人力所

支配的事情，面对社会，学会冷静思考，学会选择，学会把握自己。"礼"是孔子思想的核心，孔子曾告诫儿子孔鲤"不学礼，无以立"，人要自立于社会就要学习礼，仁礼贯穿于孔子思想的始终，他倡导礼乐治天下。弟子颜渊问什么是"仁"，孔子回答说："克己复礼为仁。"颜渊又问："请问其目。"孔子回答："非礼勿视，非礼勿听，非礼勿言，非礼勿动。"（《论语·颜渊》）颜渊问怎样做才是仁，孔子说，克制自己，一切都照着礼的要求去做就是仁。颜渊又问，请问实行仁的条目有什么？孔子说，不合于礼的不要看，不合于礼的不要听，不合于礼的不要说，不合于礼的不要做。

　　"礼"贯穿于《论语》始终，最后一章的告诫再次提醒人们君子需知命，知礼方可自立于社会，要学会分辨是非好坏，这是君子安身立命之本。

对孔子学说得不到继承的忧虑

　　　孟子曰："由孔子而来至于今，百有余岁，去圣人之世若此其未远也，近圣人之居若此其甚也，然而无有乎尔，则亦无有乎尔！"（《孟子·尽心下》）

　　《孟子》的最后一则是孟子对没有人继承孔子学说的担忧。从孔子到现在，有一百多年，离圣人的时代不远，离圣人的家乡是这样的近，这样的条件下还没有继承的人，那也就不会有继承的人了！

　　对优秀思想及文化的传承几千年来从未断绝，在四大文明古国中，唯有中华文化从未断流，这一方面是中华文化的历史价值及穿透力，另一方面离不开一代又一代传承优秀文化的有识之士。自孔子至孟子一百多年过去了，孟子对孔子思想得不到继承深深忧虑，他具有极强的使命感与担当精神，扛起了继承儒家学说的大旗，自觉成为圣人之道的传承者，使得儒家思想得以传承，得以发扬光大，得以绵延不息。同时孟子进一步拓展了孔子仁学思想的含义，发展为仁政学说，即民本思想，提出民贵君轻的思想，同时提出"人人皆可为尧舜"的性善论主张，这些思想对于推动社会进步具有积极意义。因此，《孟子》的最后一章其实就是《孟子》一书的写作目的，就是要发扬圣人思想，让圣人思想永垂不朽。

"真"是为人处世的正本

"信言不美，美言不信。善者不辩，辩者不善。知者不博，博者不知。圣人不积，既以为人己愈有，既以与人己愈多。天之道，利而不害。圣人之道，为而不争。"（《道德经》第八十一章）

《道德经》的最后一章，短短的几句互成对照的格言式句子，仿佛是一位智者对人们发出的忠告，具有朴素的辩证法思想。诚实的话不漂亮，漂亮的话不真实；善良的人不狡辩，狡辩的人不善良；真正有智慧的人未必广博，广博的人未必有智慧；圣人不积攒财物，而是尽力照顾别人，自己反而越发充足；送给别人财物，自己反而越发富有。自然的规则，是有利万物而不伤害万物；圣人的行为准则，是帮助人而不与人争夺。

老子的这则语录的核心就是"圣人之道，为而不争"，圣人之道是符合天道的，短短的一则语录，却有九个"不"字，仿佛是对人发出忠告，似乎是一位老者对即将远行涉世未深的游子的谆谆告诫，要善辨花言巧语，小心美言的陷阱；不要与别人狡辩，事实胜于雄辩；不要去卖弄自己的广博，掌握知识要精；不聚敛财物，要扶危济困，更不与人争夺。而其正面立意则为要信真言，忠言逆耳利于行；要谨言慎行，用事实说话；学习知识要宁精勿杂，宁专勿多；要学会给予，学会分享。最后总结，圣人之道与天之道是一致的，"为而不争"正是老子思想的核心，体现了其思想清静无为、淡泊宁静的特点，这种处世之道可以作为人的行为的最高准则，是需要长期精心修炼才能达到。

知来路就要知归路，善始就要善终。《诗经》中有"靡不有初，鲜克有终"，即人们做事往往都有一个好的开始，但很少有人能坚持到最后，告诫人们做事要善始至终。圣人之道或告诫，或忧虑，或忠告，都向我们指出了要寻求事物的根本，做事就应有始有终，善始善终。不可半途而废，有始无终。

传统文化融合（一）

中华文明历经几千年从来没有断流，体现出"韧"的精神品质。作为中华文明重要组成部分的中华文化绵延不断，具有顽强生命力。中华文化是多元文化，具有极大的包容性、融合性。中华传统思想中就有"海纳百川""兼容并蓄"的思想，有了这些思想的引领，更利于各种文化的互相融合。"融合"包含吸收、借鉴、创新，融合实现了文化的多样性、渗透性、互补性。一种文化得以传承是与这种文化在流传过程中得到不断丰富、补充有关。这一讲列举了中华文明的韧性，寻找中华文明中的精神所在；探讨中华传统礼仪中的规矩意识，让我们始终把握正确的人生方向；探讨在大灾面前，民族自强不息的意志及心理调适；从传统礼仪角度探讨师道的传承与可贵。

51. 文化的"韧"性

　　韧性是指物体柔软坚实、顽强持久、不易折断的性质。中华文明历经风雨，绵延至今，具有"韧"性特质。回溯漫长的中国历史，每逢关键时刻，这种文明的韧性体现得尤为突出，中华文明历经几千年从来没有断流，具有顽强生命力，这种文明特质体现于中华文化中。

　　中华文化具有柔的特质，这在道家学派创始人老子那里体现尤为突出。老子的老师在弥留之际以舌存齿亡的现身说法告诉了老子柔弱胜刚强的道理，老子进一步发展了这一学说，将这一特质赋予"水"，他说："上善若水，水善利万物而不争，处众人之所恶，故几于道。天下莫柔弱于水，而攻坚强者莫之能胜。"（《道德经》第八章）最善的事犹如水一般，水造福万物，滋养万物，却不与万物一争高下，处于众人厌恶之地，因此最近于道。天下最柔弱莫过于水，但攻克坚强没有能比过它，正所谓"天下之至柔，驰骋天下之至坚"。（《道德经》第四十三章）

　　水利于万物，包容万物，有能容天下的胸襟和气度。在儒家创始人孔子那里，又赋予水另一特质，子曰："知者乐水，仁者乐山；知者动，仁者静；知者乐，仁者寿。"（《论语·雍也》）山有山的沉稳，水有水的灵动，智者喜欢水的灵动。在诸子那里，水的韧性体现在它是生命之源，是善之源，它孕育万物，不与万物相争，它灵动而富有生命活力。它源源不断，从高山高原滚滚流淌，归于大海，这种柔软而又顽强不息的精神难道不是中华几千年的文化韧性的体现吗？

几千年来，我国知识分子以其不辍之笔，不坠青云之志，"为天地立心，为生民立命，为往圣继绝学，为万世开太平"（宋·张载），探求宇宙的规律，为老百姓确立生命的意义，为前圣继承已绝之学统，为万世开拓太平之基业。他们具有担当与使命，为民族立心、立命、继承、开拓，接续传承民族的优秀传统，使得民族魂不丢，民族志永存，这难道不是一种文化韧性的体现吗？这就是先生之风，"先生之风，山高水长"（宋·范仲淹）。太史公司马迁在遭受宫刑，蒙受耻辱的情况下，依然完成被誉为"史家之绝唱，无韵之离骚"的《史记》，这部鸿篇巨制"究天人之际，通古今之变，成一家之言"，是我国第一部纪传体通史。他是众多知识分子的代表，柔软而坚强，愈挫弥坚。

柔韧是一种品质，一种精神，一种文化，中华文明历经数千年，得以传承，生生不息，中华文化成为民族向心力的内核。多难兴邦，多灾多难的民族更加增强了凝聚力、向心力。

鲁迅在民族存亡的关键时刻，他刚正有力地道出了中华文明韧性永存的原因，"我们从古以来，就有埋头苦干的人，有拼命硬干的人，有为民请命的人，有舍身求法的人……这就是中国的脊梁"，鼓舞民族自信心，激发抗日斗志，提振了信心。

2020 年年初在武汉发生了新冠肺炎疫情，一时间全国上下掀起了打赢这场无硝烟的战争的行动。白衣战士奔赴前线，逆行疫区，医者仁心，用生命担当起救亡的使命。公安干警昼夜执勤，英勇奋战，保驾护航。社区工作者、志愿者战胜严寒，执勤宣传，守护着一道道大门保平安。还有更多的人以这样或那样的方式默默为抗击疫情作贡献。一时间民族的向心力更加增强，一桩桩感人的故事可歌可泣，一个个英雄用生命践行着自己的诺言，面对疫情，挺身而出，在所不惜。海外赤子，心系祖国，奉献爱心。这些可爱的人用自己的行动诠释了中华文明韧性永存的原因。列宁是这样诠释爱国主义的，"爱国主义就是千百年来巩固起来的对自己祖国的一种深厚的感情"。

中华文明根深蒂固，中华文化源远流长，文明的韧性经久不衰。

52. "规矩"：中华传统礼仪的载体

　　"规矩"是中华传统文化的重要内容，《荀子·赋篇》中有"圆者中规，方者中矩。"就是说圆的符合画圆形的工具，方的符合画方形的工具，我们常说的"中规中矩"就是这个意思。"规矩"由此而引申为"法度，准则"，这就是我们经常所说的"不以规矩不成方圆"。

"规矩"是中华传统文明礼仪的根基

　　文明礼仪是中国传统文化的核心，什么是文明礼仪？简单地说就是律己、敬人的一种行为规范，是表现对他人尊重和理解的过程和手段。孔子曰："克己复礼为仁"，"礼"是孔子思想的核心，而"仁"则是孔子理想人格的核心，"礼"和"仁"共同构成了儒家思想的核心，其思想的实质就是人要克制自己的私欲，一切都照着礼的要求去做，就是仁。这就是人要奉行一定的"规矩"，内心要有"法度、准则"，要具备基本的是非观、荣辱观、义利观，行为才能符合"礼"的要求。

　　行为礼仪是外在的表现，而"仁"即思想修养才是真正的内核，它不仅反映个人素质教养，也能体现个人道德修养和社会公德。儒家先贤又曰"己所不欲，勿施于人。"中华民族素来是文明礼仪之邦，温文儒雅，谦恭礼让，是中华儿女薪火相传的美德；举手投足，音容笑貌，无不体现一个人的气质与素养。孔融让梨、程门立雪、三顾茅庐、张良拜师的故事我们耳熟能详。老幼有别，长幼有序，懂得孝悌，无不体现传统礼仪。在现在的社会中，随着科技文化的发展，国家经济的腾飞，我们更加要讲文明懂礼貌，守纪律，讲规矩。提高文明素养，是时代的要求，更是我们自身全面发展的需要。

"规矩"是我们成就人生梦想的基石

"规矩"意识是孔子终身奉行的准则，在他总结自己人生的各个阶段中就有"七十而从心所欲，不逾矩"，意思是到了七十岁随心所欲而又不越出法度，这里的"不逾矩"应当是他人生梦想的至高境界，也充分说明"规矩"是他一生的坚守。有了"规矩"，行为就有了准则，就有了约束，当颜渊问孔子什么是"仁"，孔子说"非礼勿视，非礼勿听，非礼勿言，非礼勿动。"其大意是违背礼仪规范的不要看、不要听、不要说、不要做，这就使得他终身奉行的规矩有了具体的载体，也是我们成就人生梦想的基石。

"规矩"是我们养成良好行为习惯的准则

有记者访问一位获得诺贝尔奖的科学家，"教授，您人生最重要的东西是在哪儿学到的呢？""在幼儿园"，教授不假思索地回答，"在那里，我学到了令我终身受益的东西，比如说，有好东西要与朋友分享，谦让，吃饭前要洗手……"我们完善自己的修养也一样，并非一定要有什么了不起的举措，而是要从身边吃饭洗手这些小事做起。养成文明的习惯，使文明的观念进入潜意识，使文明体现于我们的一言一行之中，贯穿于我们的一举一动之中，流淌于我们的血脉之中。

文明礼仪是我们学习、生活的根基，是我们健康成长的臂膀。没有了文明，也就没有了规矩，就没有了基本的道德底线，那我们纵然拥有了高深的科学文化知识，对人对己对社会又有何用？我国教育家陶行知先生有一句名言："千教万教教人求真，千学万学学做真人。"说的就是教师首先要教育学生做一个真诚的人，而学生的学习也应该首先学做人，学做文明之人，学做对社会有用的人，只有这样，我们才能真正做到"爱国守法，明礼诚信，团结友善，勤俭自强，敬业奉献"。

"规矩"使我们不偏离人生的航向

中华优秀传统文化讲究"修身、齐家、治国、平天下"，就是人要自立于社会，首先应从自身做起，注意自己的立身行事，加强自身修养；其次做到家庭和睦幸福，学会孝悌，感激父母的养育之恩；然后才能为国家，为天下。作为公民，我们要遵纪守法，坚守道德底线。作为老师，就应牢记教书育人的职责，时常拿"学高为师，身正为范"的准则约束自己，加强师德修养，用高尚的人格影响人；提高知识素养，用渊博的知识启迪人；增强育人涵养，用持久的耐心教育人；规范自己的一言一行，处处做学生的榜样，向学生传递社会正能量。作为学生，就要符合学生身份，体现新时代学生蓬勃向上的精神风貌。课堂礼仪对学生也相当重要，它关系着一个班的荣誉与凝聚力，体现这个班的班风班貌。同学之间离不开礼仪，如果有矛盾，多进行自我反省，互相理解，宽容待人，培养较强的协作精神，这样使班级更团结，友谊更深厚。校园礼仪就更重要了，下课后的休息时间，不随地吐痰，乱扔纸屑，不玩粉笔头，上下楼梯一律右行，见老师要主动问好。我们还应该爱护校园花草树木和一切设施，不穿越绿化带，爱护环境卫生，服从老师管理，得到别人的帮助，应主动诚恳地说"谢谢"。懂得了这些规矩，就有了辨别是非善恶的能力，就能有所为，有所不为，就会沿着人生正确的航向前行。

　　"规矩"不是一个简单的概念，它涵盖了人的行为准则，对人的行为起约束作用；"规矩"更不是一句口头语，它包括了人的行动，行动是对规矩的最好阐释。在规矩的约束中把握人生方向，不断成就人生的梦想。

53. 传统文化与心理调适

灾难会造成人身体和心理的创伤，这种创伤一方面会随着时间推移自然愈合，另一方面则需要积极的心理干预。灾难来临时人们会出现消极、悲观、厌世的不良情绪，在实际生活中表现为抱怨、烦躁、仇恨等不良反应。这时需要尽快采取积极的心理干预，以便回归正常的心理和生活工作状态，姑且看看传统文化对心理调适的作用。

多难兴邦，转祸为福

"古有多难兴国，殷忧启圣，盖事危则志锐，情苦则虑深，故能转祸为福也。"（《新唐书·张廷珪》）

玄宗开元初年大旱，关中闹饥荒，皇帝诏令征求直言时政。张廷珪上书说，自古有多难而振兴国家，深忧而启迪圣明之事，大概是指事情危急则锐意进取，境况艰苦则深谋远虑，所以能转祸为福。中国传统的哲学思想包含了辨证的思维哲学，福与祸、喜与怒、乐与悲、义与利、生与死等都是相对存在，辩证发展的。面对危难，人们会空前团结，更加发挥自己的聪明才智，寻找突围的方法，虑事更周全，这样就会转危为安，慢慢走出困境。

薄责于人，远离怨恨

子曰："躬自厚而薄责于人，则远怨矣。"（《论语·卫灵公》）

孔子这则语录是说，多责备自己而少责备别人，就可以远离别人的怨恨了。一场灾难后，人们会将自己的诸多不如意发泄在别人身上，怨世道不公，怨组织不力，怨他人自私，找尽客观原因，唯独不愿意找自身原因。先秦时期思想家为我们指明了方向。老子提出"抱怨以德"（《道德经》第六十三章），即以德报怨，用恩德去报答别人的仇怨。孔子针对"以德报怨"提出"以直抱怨"（《论语·宪问》），即用正直来报答怨恨，用公平直道相待。公平是心中一杆秤，不能冤冤相报，旧怨未除，新恶产生，应当除去怨恨，以和合的心态处世。这就是孔子倡导的"忠恕之道"，即待人忠心、宽恕，学会理解、包容，去除私心杂念，林则徐说："海纳百川，有容乃大；壁立千仞，无欲则刚。"大海因为有宽广的度量才容纳了成百上千条河流；高山因为没有凡世杂欲才如此的挺拔。

推己及人，反躬自省

孟子曰："爱人不亲，反其仁；治人不治，反其智；礼人不答，反其敬。行有不得者皆反求诸己，其身正而天下归之。"（《孟子·离娄上》）

孟子认为"君子必自反也"，君子要经常反省自己，爱别人却得不到别人的亲近，那就应反问自己的仁；管理别人却不能够管理好，那就应反问自己的管理才智；礼貌待人却得不到别人相应的礼貌，那就应反问自己是否真正以礼待人。凡是行为得不到预期的效果，都应该反过来检查自己，自身行为端正了，天下的人自然就会归服。君子善于反省自己是否仁、礼、忠、智，孔子实行仁的重要原则是"己所不欲，勿施于人"，自己都不想要的不要强加于别人，不将自己的意志强加于别人。"己欲立而立人，己欲达而达人"（《论语·雍也》），即自己成就了事业，也要帮助别人成就事业；自己仕途通达，也要帮助别人仕途通达。推己及人才能长久，作为一个人，要多检查反省自己，从自身找原因，这也是解决矛盾的最好办法。古人云：各自责，天清地宁；各相责，天翻地覆。

广交朋友，兼济天下

> 子夏曰："君子敬而无失，与人恭而有礼，四海之内皆兄弟也！君子何患乎无兄弟也。"（《论语·颜渊》）

灾难会让人产生孤独无助感，孔子的弟子子夏说，君子之人待人谦恭有礼，天下之人都会成为自己的朋友。朋友多了路好走，待人以礼，广交朋友是为人处世的基本原则。当一个人陷入困境时，要独善其身，加强自身修为，做好我自己；当一个人得志时，要兼济天下，为更多的人谋幸福。孟子曰："古之人，得志，泽加于民；不得志，修身见于世。穷则独善其身，达则兼济天下。"（《孟子·尽心上》）孟子认为，古代的人，得志时恩泽遍施于百姓；不得志，则修养个人的品德。不得志时独善其身，得志时就兼善天下。

坚信前路，不可阻挡

> 荀子曰："天行有常，不为尧存，不为桀亡。"(《荀子·天论》)

自然的运行有其规律，这个规律不会因为尧的圣明或者桀的暴虐而改变。

一场灾难，一次历练，一次反省，苦难之后的振作，历练之后的坚强，反省之后的成熟，这是面对灾难的应有态度。灾难是无情的，它毁坏家园，摧毁希望，甚至摧折生命，但自然有其运行法则，唐代诗人刘禹锡的诗中有"沉舟侧畔千帆过，病树前头万木春"(《酬乐天扬州初逢席上见赠》)，一边是倾覆的船，一边却千帆竞渡；一边是干枯的树，一边却是万木葱茏。无论什么都阻止不了事物向前发展的动力，再长的阴影在光明面前也会后退。

在灾难面前千万不可自暴自弃，孟子曰："自暴者，不可与有言也；自弃者，不可与有为也。"(《孟子·离娄上》)意思是自己残害自己的人，不能和他谈论什么有意义的问题；自己抛弃自己的人，不能和他一起做什么有价值的事情。新生力量代表了事物发展的方向，事物的发展是不可逆转的，因此，重整旗鼓，重振信心，再次上路才是正道。

54. 从传统礼仪看师道

　　文明礼仪是中国传统文化的重要组成部分。什么是文明礼仪？简而言之就是律己、敬人的行为规范，是表现对他人尊重和理解的过程和手段，也就是先圣孔子所说的"己所不欲，勿施于人"。行为礼仪是外在的表现，而思想修养才是真正的内核，它不仅反映个人素质教养，也能体现个人道德和社会公德。作为人类文明传播者的教师，更是人类文明的引领者、传承者。

　　传统礼仪具有无限生命力，其背后的故事耐人寻味。王勃的《滕王阁序》里有这样一句话，"他日趋庭，叨陪鲤对"，意为过些天到父亲那里聆听教诲，一定要像孔鲤那样经过庭院小步快走，十分有礼，接受父亲的教诲。"趋庭"是古代的一种礼节，小步快走，表示恭敬，这里指承受父亲教导。"叨"表示自谦，惭愧地承受，现在也保留了如"叨扰"就是受了别人的款待表示感谢。"鲤"是孔子的儿子孔鲤，"鲤对"指接受父亲的教诲。这个典故出自《论语·季氏》，孔鲤恭敬地从父亲门前经过，父亲问他学《诗》了吗？孔鲤回答说没有，孔子说不学诗说话就没有根据，孔鲤于是学诗；又一日，孔鲤又恭敬地从父亲门前经过，父亲问他学"礼"了没有，孔鲤回答说没有，孔子说："不学礼，无以立"，即不学礼就不能立身于社会，孔鲤于是学礼。儿子恭敬地经过庭院，父亲慈爱地教诲，这是"礼"在家庭中的完美体现。

中国自古就以"礼仪之邦"著称，古人尚谦逊之风，所以在言谈和文字当中有很多谦词，现在很多人知其名而不知其意。古人最基本的礼节"揖"，到现在也都只能在古文中讲解；传统礼俗"夫妇有别，长幼有序"（《孟子·滕文公上》），怎样"有别""有序"，如今还需要解释一番；"孝""悌"最早起于尧舜时期，后来被儒家一再称道，现如今都成了生僻字。在优秀传统文化渐行渐远之时，民族特色也在褪色，于是一些有识之士倡导传统文化的回归，我们也惊喜地听到了朗朗的诗文传颂之声、唱和之音，孩子们的书包里多了四书五经，《三字经》《幼学琼林》等书籍，多了唐诗宋词，孩子们诵读经书，学习幼学教育、诸子著作、棋琴书画等，礼俗教育蔚然成风，这些可能也正是我们所丢失的那一部分。

"天地君亲师"是儒家尊崇的对象，敬畏天地、忠君爱国、孝亲尊长、尊师重教成为传统社会中基本的伦理道德，将教师置于至高无上的地位。作为人类灵魂的铸造者，教师常常被冠以"知书达礼"的称谓，就是熟读诗书，懂得礼仪，"知书"是就学识修养而言的，"达礼"是就礼仪修养而言的，"知书达礼"似乎通俗地解释了孔子"不学诗，无以言；不学礼，无以立"的言论。传统中将老师称为"先生"，从古义来讲应该是先知先行者，就是最早从懵懂中开化的人，因此老师向来是"为人师表"的，儒家始祖孔子被称为"万世师表"，几千年来被人们景仰，高山仰止，成为人们永远的楷模。老师有其表有其里，表里如一；有其知有其行，知行合一；有其言有其行，言行一致；有其德有其艺，德艺双馨。师表、师德、师心、师行是教师礼仪的主要内容。

教师的发展历史，教师的社会身份决定了其特殊的社会地位，习近平总书记提出了做"四有好老师"的要求，即争做有理想信念，有道德情操，有扎实学识，有仁爱之心的好老师。为国育才是老师的理想信念，立德树人是老师的道德情操，学识渊博是老师的业务要求，爱生乐教是教师的职业操守。仪表端庄、举止得体、语言文明、儒雅洒脱、谦虚好学、为人师表，这都是对老师的基本要求。文明礼仪是人学习、生活的根基，是人健康成长的臂膀。教师肩负着为国育才，为党育人的重任。在科技飞速发展，经济腾飞的今天，教师更要做好文化的传播者，文明的传承者。在享受现代文明带给我们便利的同时，要顺应时代要求，不断提高文明素质，促进自身全面发展。

文明是社会进步的标志，没有了文明，就没有了基本的道德底线，那我们纵然拥有了高深的科学文化知识，对人对己对社会又有何用？教育家陶行知先生有一句名言："千教万教教人求真，千学万学学做真人"，说的就是教师首先要教育学生做一个真人，学生也应该首先学做真人，真人首先应当是文明之人、真心之人、真诚之人，教师用自己的"真"化育学生，培养出有真才实学、真实情感、有道德良知的真人。

第十四册
传统文化融合（二）

中华文化对人类具有重要影响力，随着国学的不断升温，传统文化又一次受到国人的重视和世界的关注。传统文化的魅力是由其自身特点决定的，许多内容成为人们立身、处世不可或缺的内容，以仁爱为核心的儒家思想，以"道"为核心的道家思想，以兼爱为本的墨家思想等等。时至今日，这些思想仍具有重要的参考价值，更为可贵的是，这些思想的融合所产生的巨大价值。例如老子、孔子都谈到"俭"，他们都将节俭视为人生的准则，为后世不断传承发扬。本讲座以传统文化中的三个元素为切入点，谈"俭"美德的传承，"三"中包含的哲学道理，对"卑"的辩证思考，谈古代的吟唱文化，浅谈传统文化在其中的融合。

55. 说"俭"

　　仁爱思想是孔子民本思想的核心,孔子的弟子樊迟向老师求教"仁","樊迟问仁。子曰:'爱人。'"(《论语·颜渊》)孔子对"仁"的诠释是"仁就是爱人",孟子进一步提出"仁者爱人"的思想。治国者要爱民、养民,就要从节用开始。

　　孔子的学生子贡评价老师之所以能得到各国君主的信任,是因为他有"温、良、恭、俭、让"这五种美德,"俭"就是俭朴,要有朴素节俭不铺张浪费的习惯。在农耕时代,物质资源匮乏,国君爱民最基本的做法就是要节用。子曰:"道千乘之国,敬事而信,节用而爱人,使民以时。"(《论语·学而》)即治理一个有一千辆兵车的国家,做事要兢兢业业,恪守信用,节约开支而又爱护百姓,役使百姓要不误农时。这里有两层最基本的含义,作为统治者要节用、爱民,爱民就要保护老百姓农耕的时间,不在农耕时间征劳役,不耽误农时,要督促老百姓按时耕种收获,粮食安全是民生的基本保证,也是国家安全的基本保障。

　　"俭"就是俭省,不铺张,不浪费。老子曰:"我有三宝,持而保之。一曰慈,二曰俭,三曰不敢为天下先。"(《道德经》第六十七章)老子将"俭"列为自己遵循的三条准则之一,这里的"俭"就是节俭。节用思想是孔子对统治者提出的最基本要求,也是孔子爱民思想的具体体现,民为邦本,民富则国安。孔子曾说:"奢则不孙,俭则固。与其不逊也，宁固。"（《论语·述而》）即奢侈豪华就显得骄傲，过度省俭朴素就显得寒碜。与其骄傲，宁可寒碜。过度"奢"和"俭"都有一定害处，但若要做出抉择，还是要选取节俭。孔子又说："以约失之者鲜矣！"由于节俭而造成过失的是很少的。

到了亚圣孟子，提出民贵君轻的仁政思想，对统治者提出"王如施仁政于民，省刑罚，薄税敛，深耕易耨"（《孟子·梁惠王上》），意思是大王如果对百姓施行仁政，就应减轻刑罚，减轻赋税，让百姓深耕土地，及时除草。这是孟子民本思想的具体体现，也是俭的具体实施。

俭朴作为一种传统美德，是对封建帝王治理天下的约束，为后世发扬光大，也是封建统治得以延续的需要，为许多封建统治者所采纳。俭朴的传统也成为公序良俗，是社会教育和家庭教育的主要内容。三国时期著名政治家诸葛亮在临终前写给 8 岁儿子诸葛瞻的一封家书《诫子书》中以俭朴训诫儿子，他说："静以修身，俭以养德。"有道德修养的人，他们以静思反省来使自己尽善尽美，以俭朴节约财物来培养自己高尚的品德。

晚唐著名诗人李商隐总结前人成败得失，在《咏史二首》诗中写道："历览前贤国与家，成由勤俭破由奢"，诗人从历史的高度总结出家国治理的一般规律，成功是因为勤俭，失败是因为奢华。勤俭可以兴国，奢华可以亡国。

北宋著名史学家司马光在写给儿子司马康的文章《训俭示康》一文中，引用春秋时御孙的名言说："俭，德之共也；侈，恶之大也"，即节俭，是所有善行中的大德；奢侈，是所有邪恶中的大恶。司马光以俭朴为美，他告诫儿子"由俭入奢易，由奢入俭难"，奢靡享乐的行为一旦产生，就很难再回到节俭的生活，对后世有极大的教育和警示意义。

　　节俭说起来容易做起来难，节俭要从珍惜劳动成果开始，从不浪费一粒米开始，从不摆阔炫富开始，从不耍大方讲排场开始。"一粥一饭，当思来处不易；半丝半缕，恒念物力维艰"（《朱子家训》）。全社会行动起来，向浪费说"不"，让节俭成为一种社会风尚。

56. 关于"三"的哲学思考

中国人对于"三"具有浓浓的文化情结,"三思而后行","事不过三","三生有幸",作为数字的"三",有确数,有多数,也有恰如其分的意思,"三"作为一个数字,在人们的心目中具有一定的文化情愫,包含一定的哲学意义。

"三"是万物之源。老子《道德经》第四十二章:"道生一,一生二,二生三,三生万物。"道生一,一是无极;一生二,二是阴阳;二生三,三是阴阳配合;三生万物,万物是万事万物。"三"是由阴阳相克相生的对立的两个方面相互矛盾冲突所产生的第三者,进而生成万物。这里包含了朴素的哲学思想,万物的产生是有其规律的,这个规律的产生又遵循事物自身的运行法则,三是虚数,是一个变量,是指由阴阳交融形成的第三种状态,即阴阳统一于一体的状态,这样才产生了万物。

这里包含了对立统一的哲学思想,万事万物都是对立统一的,都是在矛盾之中向前发展的。

"三"表示确数。"三缄其口"就是在嘴上贴了三张封条,形容言语非常谨慎,也形容不肯或不敢开口。古时人们将秋季的七、八、九月份分别称为孟秋、仲秋、季秋,合称"三秋",代指秋天。"三秋"有时亦指秋季的第三个月,即农历九月。王勃的《滕王阁序》中有"时维九月，序属三秋"的"三秋"就是农历九月。诸葛亮《出师表》中，有"三顾臣于草庐之中"，就是"三顾茅庐"这个成语的出处，是刘备礼贤下士，重用人才之意，当时可能就是三次。后世引用这句话来形容对人才的渴盼和诚恳的心情，也就是不耻下问，虚心求才的意思，这个意思就演变为"多次"了。

概念的确定性是基于其最原始的存在。

"三"是稳定的代名词。数学中有个概念叫三角形具有稳定性，一个好汉三个帮，人们总是青睐"三"，是因为三具有稳定的含义，例如《三国演义》中刘备、关羽、张飞桃园三结义，人们认为这是一种最牢不可破的友谊，演绎了友情的传奇。"三足鼎立"像鼎的三只脚一样，各立一方，比喻三方面对立的局势。《史记·淮阴侯列传》："三分天下，鼎足而居"，后来一般指三国时期的魏、蜀、吴三国。国家因三足鼎立而趋于相对平静，少了许多战乱纷争。

"三"之所以稳定，是因其相辅相成或者相反相成的特点，事物都是在矛盾的对立统一中存在和发展的，这样才能形成事物的稳定性。

"三"表示恰到好处。"事不过三"，用来警告人不要同样的错误一犯再犯。"三"就是一个节点，是刚到好处的意思，超过了终究会向相反的方向发展，它告诉人们，做事不可过了头，恰如其分就可以了，古人也有"过犹不及"之说。这也是中国哲学思想中的中庸之道。"退避三舍"这个成语出自《左传·僖公二十三年》：晋公子重耳（晋文公）逃亡到楚国时，得到楚王的帮助，楚王问他将来怎样报答自己，重耳说，如果将来晋楚交兵，自己的军队"退避三舍"。后来晋楚在城濮交战，晋文公信守诺言，把军队后撤九十里。这三舍之地是重耳报答礼让楚王的底线，突破了就不合适。文学作品中有诸多的三部曲，诸如杜甫的《三吏》《三别》，巴金的长篇小说《激流三部曲》《家》《春》《秋》，高尔基自传体三部曲《童年》《在人间》《我的大学》，茅盾的《农村》三部曲：《春蚕》《秋收》《残冬》，《蚀》三部曲：《幻灭》《动摇》《追求》等，诸多的三部曲都给人恰到好处、恰如其分的感觉，少一部不够，多一部赘余。

"三"包含一种折中思想，有不偏不倚，恰到好处之意，这也包含了哲学思想中的中庸思想，凡事不可过，过犹不及。

"三"表示次数之多。"三思而后行"，就是遇事要再三思考利弊，然后再付诸实施，避免因思考不周而盲目。"三人行，必有我师焉"（《论语·述而》），意思是几个人同行，其中必定有可以当我老师的人。《鸿门宴》一文中有"范增数目项王，举所佩玉玦以示之者三，项王默然不应"。范增几次用眼光示意项羽，再三举起他佩戴的玉玦暗示项羽，项羽沉默着没有反应。这里的"三"就是多次。民间有"穷不过三代，富不过三代"的说法，其实这里的"三"都是虚指，包含了辩证法思想，"穷"则思变，奋发图强，终可达"富"；而"富"则会骄奢淫逸，导致亡国破家。也可以指集体的力量之大，智慧之广，如"三个臭皮匠，顶个诸葛亮"（《战国策·魏策二》）。有个成语叫"三人成虎"，意思是三个人都说街市上有老虎在吃人，别人便以为真有老虎。比喻谣言一再反复，就会使人信以为真，引申为谣言可以掩盖真相的意思。

事物是可以互相转化的，有多与少的转化，大与小的转化，好与坏的转化，量和质的互相转化。

57. "自卑"求证

　　偶尔读到了一篇题为《自卑也是一种十足强大的力量》的文章，颇能引起共鸣。翻阅词典，"卑"解释为低下、低劣，如卑鄙、卑下、卑劣、卑微、卑怯、卑恭等。本义是地位低微。如《管子·水地》中"人皆赴高，己独赴下卑也"，《易·系辞》中有"天尊地卑"。在古典文学作品中也经常出现与"卑"结缘的词句，如"位卑则足羞"（韩愈《师说》），"先帝不以臣卑鄙"（诸葛亮《出师表》），"位卑未敢忘忧国"（陆游《病起书怀》），这些"卑"都作"地位低下"理解，且感情色彩上也没有太多贬义。"卑"也作有意识放低自己的位置来解释，如"卑躬屈膝"就是屈尊就下的意思，是有意识放低自己身价的意思。这样以来，"卑"这个词语就可以有两种解释，一种是有意识的行为，是自我降低身份，放下身段架子，这是一种高贵的品质。另一种解释就是我们经常遇到的这种解释，低估自己的能力，觉得自己各方面不如人。

　　从心理学角度讲，"自卑"是一种消极心理，它产生的根源是多方面的，如出身地位、身体状况、智力水平、生活条件、人际关系、生活环境、自身压力等，这些消极因素一旦产生，如果在一段时间内不能得到改善，就会加剧消极心理。每一个人由于自身生活的际遇不同，其自卑心理都不是单一性的，往往会出现"瓦漏又逢连阴雨"的尴尬局面，这样就会多种消极情绪杂陈，轻则让人情绪低落，失望、恐慌，对生活失去信心，不愿意与人交流，认为自己低人一等，重则悲观厌世，失去生活的勇气。因此，学会排解自卑的消极情绪是健康人生必不可少的方式。

从辩证法角度看，事物都具有两面性，"自卑"也是一把双刃剑，它既可以让人意志消沉，也可以让人焕发斗志；既可以让人万念俱灰，也可以让人产生力量；既可以让人悲观厌世，也可以让人乐观豁达；既可以让人消极沉沦，也可以让人心静如水；既可以让人一败涂地，也可以让人从谷底崛起。李太白有诗云："古来圣贤皆寂寞，惟有饮者留其名"，这位饮者李太白就是一位在自卑的寂寞中横空出世的诗人。苏轼因乌台诗案被贬谪黄州，他却深感人间悲凉，游览自然山水，发出"而又何羡乎！"的慨叹，悟出了"且夫天地之间，物各有主，苟非吾之所有，虽一毫而莫取"的人生大道理。从而尽享"惟江上之清风，与山间之明月，耳得之而为声，目遇之而成色，取之无禁，用之不竭，是造物者之无尽藏也，而吾与子之所共适"思想的豁达和精神的高贵。杜甫生活困窘，却不忘民忧，"安得广厦千万间，大庇天下寒士俱欢颜"；范仲淹"不以物喜，不以己卑"就是不因外物的好坏和自己的得失而感到欢愉和沮丧；顾炎武"天下兴亡，匹夫有责"，"匹夫"就是地位低下的人。这些文人雅士他们或地位卑微，或人生不得意，甚至遭受磨难戕害，但他们都具有悲天悯人之情怀。"自卑"从人生的另一角度讲可以有以下积极意义。

"自卑"能让人静下心来，免于浮躁，潜心做事。

这是基于"自卑"的本来含义，就是觉得自己在多方面不如人，走入困境，欧阳修在《梅圣俞诗集序》中写道："然则非诗之能穷人，殆穷者而后工也。"就是成语"穷起后工"的出处，旧时认为文人越是穷困不得志，诗文就写得越好。"穷"就会有更丰富的人生阅历、人生思考和体验，就会更专心于某一领域的研究，就会少了诸多应酬和迎来送往，就会参悟诸多人生大道理。

"自卑"可以使人更好地融于群体之中，谦卑居下，专心于本职。

有了自卑心理，做事就会听从安排，谨慎对待，就会更务实合作，脚踏实地，以期取得别人的信任，免于好高骛远，急功近利。林黛玉进贾府在礼数上是周到的，成功的，呈现在读者面前的是一个温文尔雅，知书达礼的文弱女子形象。这在很大程度上是与其家庭变故，投亲靠友，寄人篱下的自卑心理有关。时下有诸多年轻人，"少年不识愁滋味"，不谦虚请教，无敬畏之心，好高骛远，不落地生根，大事做不来，小事不愿做，落得竹篮打水一场空。

"自卑"可以让人增强忧患意识，居安思危，增强紧迫感。

人有了忧患意识就会发愤图强，穷则思变，就是要从"自卑"中崛起，寻求出路，杜荀鹤有一首哲理诗《泾溪》，"泾溪石险人兢慎，终岁不闻倾覆人。却是平流无石处，时时闻说有沉沦。"意思是水流湍急的险滩，很难听到有人被水淹的事情，反而是水流平缓没有险滩的地方却常常有人被水淹没。这样一个生活中的真实体验也告诉我们，很多时候我们的错误都是由于对环境的麻痹大意造成的。在"自卑"中的人，往往是敏感的，有警觉的，很容易反躬自省，找到问题的症结，若能及时找到问题的根源，就会奋起而有所为。

"自卑"与"自信"是相对的，一种是消极情绪，一种是积极情绪，我们竭力倡导积极情绪，排斥消极情绪，但消极情绪一旦产生如影随形，我们就要积极引导，变消极为积极，变害为利，当我们受消极因素干扰时，我们既不悲观失望，也不听之任之；既不盲目排斥，也不被动应付。变消极为积极，变被动为主动，变悲观为乐观，这样我们才不会在自卑中失去自我。

58. 吟唱的审美趣味

古典诗词从产生之初就是用来吟诵歌唱的，集鉴赏、吟诵、歌唱于一体，随着时间的流逝，诗词"唱"的功能逐渐弱化了，而凸显其鉴赏理解和诵读的功能。

入乐歌唱是古诗词本身具有的功能，传唱是古诗词流传的方式之一。古代专门从事音乐的机构叫"教坊"，乐官叫"伶官"，从事音乐演唱歌舞的人叫"优伶""伶人"或"歌妓"。欧阳修《伶官传序》中的"伶官"就是作乐歌唱的人。古代的诗词都是可以配乐歌唱的，其实最早的诗歌就是劳动的号子。古代有专业从事词创作的词人，如宋代词人柳永，他的词流传甚广，具有广泛的生活基础，"凡有井水饮处，皆能歌柳词"，他创作的词大多是由歌妓来演唱的。

诗词流传到现在，是文化殿堂中的瑰宝、奇葩，但是只具备鉴赏和吟诵的功能，许多诗词的唱腔唱调已知之甚少或不得而知，而后人根据诗词的内容及词牌等，给一些诗词谱了曲，特别是在一些影视作品中给一些诗词配乐歌唱，使得古诗词又焕发出了古风古韵。在中学语文教学中，巧妙地利用这些配乐古诗词入课堂，让课堂回响起古诗词吟唱的旋律，使得诗词学习集鉴赏、吟诵、歌唱于一体，能够营造良好的课堂教学氛围，提高学生对古诗词的理解力、鉴赏力和趣味性。例如教学苏轼的豪放词《念奴娇·赤壁怀古》，可引入电视连续剧《三国演义》片首曲所用的明代词人杨慎的《临江仙》，"滚滚长江东逝水，浪花淘尽英雄……"，宏厚恢弘的旋律马上将学生引入遥远的历史长河，与《念奴娇·赤壁怀古》有异曲同工之妙，学生入情入景，取得很好的教学效果。

中学语文中很多古诗词都有配乐歌唱，例如苏轼的《念奴娇·赤壁怀古》，李清照的《一剪梅·红藕香残玉簟秋》，李煜的《虞美人·春花秋月何时了》，李商隐的《无题·相见时难别亦难》等，教学中可灵活选取，恰当使用，或作为课堂教学的引入，或作为课堂内容的补充，或作为课堂内容的延伸。

教学《林黛玉进贾府》一课，可以用电视连续剧《红楼梦》的一曲《葬花吟》引出课题或作为教学内容的补充，使得学生对林黛玉这一形象有一个更完整更全面的了解，"花谢花飞飞满天，红消香断有谁怜……一年三百六十日，风刀霜剑严相逼……一朝春尽红颜老，花落人亡两不知"，伴随着一曲如泣如诉，让人愁肠百结的《葬花吟》，一个纤弱垂泪的女子，在乍暖还寒的季节，独自荷锄来到了满地洒落桃花的桃园，掩埋着那些略带粉红的花瓣，不时用手帕拭泪，又是一阵风儿起，花瓣随风扑簌簌地落下，更增添了许多惆怅伤感。学生通过对这一低沉回环的歌曲的聆听，更增加了对人物的了解，取得更加真实可感的教学效果。通过这一教学环节的学习，学生还可以去关注《红楼梦》中别的曲子，在歌曲欣赏中达到对词的理解，进而更加升华对作品的理解和喜爱。

教学张若虚的《春江花月夜》，一曲悠悠的古筝旋律，将人引入"海上明月共潮生"的寂静夜晚；一曲岳飞的《满江红》，展现在我们眼前的是"驾长车，踏破贺兰山缺"的雄宏与豪迈，让人顿生"收拾旧山河"的雄心壮志；一曲李叔同的《送别》，"长亭外古道边，衰草碧连天"，将我们的视野带到让人黯然销魂的别离意境中；欣赏陆游的《钗头凤》，可以了解作者"山盟虽在，锦书难托"的无奈；李白的《蜀道难》歌曲，将学生引入"蜀道之难，难于上青天"的境界之中。

　　教学中充分利用音乐资源，调动学生的听觉感受，能培养学生对古典诗词的爱好，在音乐中涵养审美情操，追求完美人格，砥砺高贵德行。

传统文化践行（一）

优秀传统文化是中华文化的根脉，中华文化是中华民族共同的精神标识，涵养着中华民族共同的价值观。学习传统文化要学思结合，知行合一。传统文化中的道法自然，天人合一，敬畏自然的思想；求同存异，和而不同，和谐友善的思想；尚贤任能，以和为贵，道德教化的思想；为政以德，实行仁政，民为邦本的思想，这些思想道德资源对于构建新时代核心价值体系具有重要的价值。对于优秀传统文化的继承借鉴，要去其糟粕，取其精华，进行创造性转化，创新性发展，实现传统文化的当代价值，培养文化亲近感，让传统文化成为强大的精神支柱。本讲选取了为师以德、劳动观、自然观及成功取决于行动几个话题，紧扣当代一些热点话题进行讨论，传统文化与当代价值有机融合，从古人的智慧得到启发，寻求解决问题的方案。

59. 成功取决于行动

古人云：临渊羡鱼，不如退而结网。只有愿望而不寻求措施，不付诸行动，对事物毫无益处。现实生活中，行动总是艰难的，会受到种种因素的制约，不能达到预期目的，甚至半途而废。把握好立志与行动、德行与行动、反省与行动、认知与行动这几者的内在关联，处理好"行"与这些因素的内在联系，就能行稳致远，古代思想家的言行给我们带来一些启发。

志与行

立志与行动是一脉相承、并行不悖的，志是行的准备，行是志的结果，志行合一，是成功的必要条件。

先秦思想家孔子很注重立志，子曰："吾十有五而志于学。"他从十五岁开始就立志学习礼，"好学"是其一生的追求。孔子觉得一个人一定要有志向，子曰："三军可夺帅也，匹夫不可夺志也。"（《论语·子罕》）即三军虽众可以夺去它的主帅，一个匹夫也不能失去自己的志向。孔子一生以"仁"为其思想核心，他说"朝闻道，夕死可矣"（《论语·里仁》），杀身成仁，为了自己矢志不渝追求的"道""仁"宁可牺牲生命。孔子具有明确的努力目标，当弟子子路问他有什么志向时，孔子回答说"老者安之，朋友信之，少者怀之"。就是让老年人安享晚年，让朋友们信任自己，让年少者得到关怀。这就是孔子的行为指向和道德情操，表明了自己的志向理想就是构建和谐的大同世界。

有了志向一定要付诸实施，行动才能让志向变为现实。子曰："君子欲讷于言，而敏于行。"（《论语·里仁》）君子说话要谨慎，而行动要敏捷。告诉人们说话做事的原则，要勤于做事，谨慎说话，重在行动，行先于言，不夸夸其谈。子贡问怎样做一个君子，孔子说："先行其言而后从之。"（《论语·为政》）即对于你要说的话，先践行了，再说出来，这就够得上是一个君子了。

先做后说、行胜于言已成为行为的准则，这一思想历来为人们所称道。

德与行

先秦另一位思想家孟子继承并发展了孔子的德政思想，将孔子的"仁"思想发展为"仁政"学说，他说"以德行仁者王……以德服人者，中心悦而诚服也"（《孟子·公孙丑上》），以高尚的品德施行仁政的人可以称王天下，以仁德品行使人归服，别人才会心悦诚服。无论施政还是为人处世，德都居于首位。

孟子主张性善论，他认为人人都有同情心。孟子曰："先王有不忍人之心，斯有不忍人之政矣。以不忍人之心，行不忍人之政，治天下可运于掌上。"孟子认为，先王因为有同情心，所以有体现同情心的仁政。以同情心来施行同情别人的仁政，治理天下就如同在手中玩一个小球一样容易。孟子志在规劝统治者施行仁政，以实现仁政为目标，他提供给统治者的实施路径就是善心，主要体现在养民和教民方面，帮助老百姓解决土地、衣食、教育等问题，要做好这些事情，孟子对统治者也提出了要求，他说："君仁，莫不仁；君义，莫不义；君正，莫不正。"（《孟子·离娄上》）即君主仁，无人不仁；君主义，无人不义；君主正，无人不正。统治者要身体力行，行仁义之事，为老百姓做出榜样，上行下效，才能达到理想的社会治理。

好的行动总是与良好的德行相伴的，这种德行就是仁义之心、善良之心、同情之心，与良好之心相伴就会行稳致远。

省与行

反省是自我成长和修正的好方法，孔子的弟子曾子说"吾日三省吾身"，人每天都要不断反省自己，检查自己的得失，只有在行动中才能不断检查反省自己，才能使自己不断趋于正确，少走弯路。

孟子曰："行有不得者，皆反求诸己。"（《孟子·离娄上》）它的含义是：如果行动没有达到预期的效果，就应该反省，从自己身上找原因，这是中国传统文化中可贵的内省法则，是修身的最直接途径。荀子在《劝学》中说"故不登高山，不知天之高也；不临深溪，不知地之厚也；不闻先王之遗言，不知学问之大也。"意思是不登上高山，就不知天多么高；不面临深涧，就不知道地多么厚；不懂得先代帝王的遗教，就不知道学问的博大。探求学问贵在行动，荀子认为志向坚定而能身体力行的人就是君子。

陆游有诗云："纸上得来终觉浅，绝知此事要躬行。"（《冬夜读书示子聿》）在行动中反省，在反省中成长，循序渐进，终达目的。

知与行

明代思想家王阳明提出了"知行合一"的主张，他说："知是行之始，行是知之成。若会得时，只说一个知已自有行在，只说一个行已自有知在。"（《传习录》）他认为认知是践行的开始，践行是认知的结果。如果领会了这些，只说认知，就已经有践行在里面了，只说践行，就已经包含认知了。"知"要变为"真知"就要践行，王阳明被贬贵州龙场驿时设立书院讲学，对弟子提出了四点要求，即立志、勤学、改过、责善，他认为"志不立，天下无可成之事"，立志后要"笃志力行，勤学好问"（《教条示龙场诸生》）。一个人具备了道德行为方面的"知"，就要付诸行动，只有通过行动才能达到良知，即"致良知"，这是阳明心学的最高境界。

立志、力行、勤学、好问是必须要坚守的做学问之道。

60. 为师之道

中华民族是一个崇尚德行的民族，"德"是衡量人的行为和操守的首要标准。儒家认为人人都有恻隐之心、羞恶之心、辞让之心、是非之心，这"四心"分别是仁、义、礼、智的开端，是人应当遵守的道德标准。为人师者应当具备怎样的德行呢？

"天地君亲师"崇拜是古代崇拜的最高境界，荀子在其《礼论》一章中谈到，礼有三个本源：天地是生命的本源，祖先是族类的本源，师长是治理国家的本源。没有天地，生命从何而来？没有先祖，我们从何而来？没有师长，国家如何得到治理？表达了对天地、祖先、君师的敬重。将"师"与天、地、君、亲四个神崇拜并列，彰显了"师"地位的重要性。《礼记·学记》中有"三王四代唯其师"，就是三皇四代都会考虑如何选择他们的老师，可见老师的重要性。到了孔子，实行贫民教育、大众教育，开启了教育大众化的先河，他被后世誉为"至圣先师""万世师表"。因此，教师的初心就是"学为人师，行为世范"，"学高为师，身正为范"，就是"传道授业解惑"。

师有为师之道，在儒家创始人孔子那里，师就是要引导弟子"好学"，强调后天学习的重要性。"学而不厌，诲人不倦"，孔子所说的学不仅仅是对自然科学、社会知识和技能的学习，更主要是对德行的培养，学以德为先，培养德行是好学的基础，没有好的德行就不是真正的好学。

教要做到不知疲倦，不怕苦，不怕累。孔子认为，"君子食无求饱，居无求安"，一个好学的人不应去计较饮食与起居，应创造条件克服困难去学习，应将学礼和修身结合起来，以修养德行为重，学习的目的就是要不断完善品德修养。

亚圣孟子的为师之道是愿"得天下英才而教育之"，希望得到天下可造就之才而培养之，表达了对人才的渴盼。孟子曰："学问之道无他，求其放心而已矣。"他认为学的目的就是要寻找回自己的那颗善心，人处于社会，善心很容易丧失，学就是要善心回归。在孟子看来，"教"对内就是要反躬自省，"行有不得，反求诸己"，做事达不到目的要反省自己，从自身找原因；"教"对外可安邦治国，为政以德，施行道德教化。孟子曰："善教，民爱之……善教得民心。"作为统治者，施行好的教育，老百姓就会喜欢，好的教育能赢得民心。教育能起到影响感化作用，孟子曰："君子之德，风也；小人之德，草也。草尚之风，必偃。"意思是贤明之人的德如同风，小人的品德如同草，风从草上吹过，草就随风而倒。这里的"德"就是指优良的品质，这种品质可以润物无声地影响人，以德化人，这是教育的最高境界。

先秦最后一位儒学大师荀子对为师之道有专门的论述，荀子将当时人们的学习和古代进行比较，指出当时社会人们的学习目的不纯，他指出："古之学者为己，今之学者为人。君子之学也，以美其身；小人之学也，以为禽犊。"（《劝学》）意思是古代的人学习是为了修养自身，现在的人学习则是为了装饰给别人看。君子学习，是为了完善自我，小人学习，只是为了向别人卖弄。可以清晰地看出古人的学习是为了提高自身修养，自我完善，达到圣人的境界，而小人的学习只是为了装点门面，向别人炫耀，求取别人的欣赏，从而获取功名利禄，学习目的不同，结果当然大相径庭。孟子认为学习没有比接近贤师更简便的了，仿效贤师而聆听学习君子的学说，就能养成崇高的品格，从而获取道。向贤师学习，向《诗》《书》等经典学习是达到道的途径，孟子认为老师是用来传授礼的，礼是用来端正身心的，老师以其言行给人们做出表率，教人们按照礼法的要求去做，但一定要付诸行动，孟子曰："道虽迩，不行不至；事虽小，不为不成。"（《孟子·修身》）路途虽近，不走就不可能到达；事情虽小，不做就不会成功。

"师"是"道"的传播者。"大学之道，在明明德，在亲民，在止于至善"。治理国家的学问，在于把生来具有的光明之德发扬光大，在于爱民，达到至善的境界。作为传道授业解惑的老师，就是要去传播光明正大的品德，弘扬各种优秀的品德，彰显各种优良品质，使其发扬光大。《礼记·学记》中有"善歌者使人继其声，善教者使人继其志"。意思是善于歌唱的人能使人情不自禁地跟着他的声音唱，善于教学的人能使人潜移默化地接受他的思想，老师是学生行为的引路人。

孔子曾对不修德者忧虑。"德之不修，学之不讲，闻义不能徙，不善不能改，是吾忧也"（《论语·述而》），意思是不去修养品德，不去讲求学问，听到义不能去做，不善的品行又不能改正，这些都是我所忧虑的。夫子将修德放在首位，修德是做事的首要条件。宋代范仲淹在《严先生祠堂记》中歌颂其老师时写道："云山苍苍，江水泱泱，先生之风，山高水长"，视先生的品德比高山还高，比长江还长。为师之道以修身为本，修身是传道授业解惑的首要条件，立德树人，用高尚的人格影响人、教育人、化育人才是为师之道的真谛。

61. 先秦诸子的自然观

生命是一个永恒的话题,是一个小到生命个体大到宇宙万物的话题。生命无处不在,无所不有,善待生命就是要善待自己生存的环境。

善待生命就是敬畏天地。儒家创始人孔子说:"天何言哉?四时行焉,百物生焉,天何言哉?"(《论语·阳货》)意思是上天不言,遵循四时的规律,百物应时而生,这就是自然的法则,"天"即自然,"天命"即自然规律、自然法则,不违抗自然法则就是遵循天命。懂得自然运行的法则,怀有敬畏之心。孔子曰:"君子有三畏:畏天命、畏大人、畏圣人之言。"(《论语·季氏》)孔子认为君子有三件敬畏的事情,即敬畏天命,敬畏地位高贵的人,敬畏圣人的话。人要有所敬畏,首要就是对天命的敬畏,遵循自然法则,顺应天理,做事合乎准则。

早在先秦时期,思想家就注意到对于自然资源的合理开发利用,人类不能无限制地开发自然资源,竭泽而渔,只顾眼前利益会造成资源的枯竭。儒家思想家孟子说:"不违农时,谷不可胜食也;数罟不入洿池,鱼鳖不可胜食也;斧斤以时入山林,材木不可胜用也。"(《孟子·梁惠王上》)意思是不耽误农业生产的季节,粮食就会吃不完。密网不下到池塘里,鱼鳖之类的水产就会吃不完。按一定的季节入山伐木,木材就会用不完。孟子认为,人类要遵循自然规律,按时耕种,合理捕捞,不乱砍滥伐,不掠夺性开发和占有,合理开发利用,这些自然资源完全可以满足人们的需求。

儒家的另一位代表战国时期的荀子，继承并发展了儒家思想，他重视农耕，保护山林湖泽，在《王制》一章中，对圣明帝王的制度做出了规定：

> 圣王之制也：草木荣华滋硕之时，则斧斤不入山林，不夭其生，不绝其长也。鼋鼍、鱼鳖、鳅鳝孕别之时，罔罟、毒药不入泽，不夭其生，不绝其长也。春耕、夏耘、秋收、冬藏四者不失时，故五谷不绝，而百姓有馀食也。污池、渊沼、川泽谨其时禁，故鱼鳖优多，而百姓有馀用也。斩伐养长不失其时，故山林不童，而百姓有馀材也。

圣明帝王的制度是：草木正在开花生长的时候，不准进山采伐，这是为了不妨害它们的生长和繁殖；鱼、鳖、泥鳅、鳝鱼等受孕产卵的时候，渔网、毒药不准投入湖泽，这是为了不妨害它们的生长和繁殖；春天耕种、夏天锄草、秋天收获、冬天储藏，这四件事都不误时节，五谷就会不断生长而百姓便有余粮；池塘、水潭、河流、湖泊，严禁在规定时间内捕捞，鱼、鳖就会丰饶繁多而百姓便食之不尽；树木的砍伐和培植不误时节，山林就不会光秃秃的而老百姓便会有富有的木材。

荀子具有积极的民生观与生态观，在对自然资源的开发利用上，他认识到了自然资源对人类的重要性，对帝王和大臣都提出了明确要求，一方面要保护性开发利用，另一方面要保证资源的可持续发展。随着社会的发展，人类与自然的矛盾日益突出，人类对自然的破坏所带来的危害也日趋严重，构建人类与自然和谐相处是摆在我们面前的严峻课题。

善待生命，生命是鲜活的，是可贵的。阳春三月，百花盛开，鸟儿鸣唱，民间有"不打三春鸟"之说。白居易在诗中写到"劝君莫打枝头鸟，子在巢中望母归"。诗人在诗中发出劝诫之声，劝导人们爱惜鸟类，表现出诗人的善良、仁爱之心。有这样几句流行语：

劝君莫食三月鲫，万千鱼仔在腹中。

劝君莫打三春鸟，子在巢中待母归。

劝君莫食三春蛙，百千生命在腹中。

劝君莫杀春之生，伤母连子悲同意。

天行有常，自然运行有其自身的规律。善待生命就是善待人类自身，善待自己就要善待自己赖以生存的环境。先秦诸子对于人与人之间的互尊互爱，人与自然的和谐相处从不同角度进行了明确诠释。而对于人类祖祖辈辈赖以生存的环境，更应有长远眼光，应当本着"绿水青山就是金山银山"的宗旨，不急功近利，不杀鸡取卵，不违背自然规律，遵循自然界运行的法则，推恩于自然，敬畏自然，让自然更好造福人类。

62. 先秦诸子的民本观及当代价值

　　中华民族是一个勤劳的民族，用勤劳的双手创造财富是我们这个民族的优良传统，也是我们这个民族绵延不息的根本所在。劳动创造了生活，劳动也创造了文化。在漫长的农耕时代，形成了农耕文化，孕育了勤劳、俭朴、珍惜、顽强等价值观念，树立了劳动光荣、自强不息的精神品质。

　　文化源于劳动，劳动创造了文化。"断竹，续竹；飞土，逐肉"传说是最早的诗歌，先民砍伐野竹，连接起来制成弓；打出泥弹，追捕猎物，反映了他们逐猎的情景。我国最早的诗歌总集《诗经》里的《风》就是各地的民歌，是《诗经》中的精华部分，有对爱情、劳动等美好事物的吟唱，也有怀故土、思征人及反压迫、反欺凌的怨叹与愤怒，代表了《诗经》的最高成就。

　　先秦时期是我国历史上文化的繁荣期，形成了诸子百家，当然也形成了劳动文化。"民以食为天"，"食者，国之宝也"，粮食关涉民生，关涉国家安全。儒家学派创始人孔子提出"仁爱"思想，子曰："足食，足兵，民信之也。"他认为统治者治理政事就要粮食充足，军备充足，民众信任朝廷。亚圣孟子提出"性善论"思想，具体就是"民贵君轻"的仁政思想，他认为统治者应当爱护人民，保护人民权利，发展生产，让老百姓有最基本的生活保障，"使民养生丧死无憾"，老百姓不会为生老病死而发愁，实行仁政，减刑免罚，减轻赋税，让他们深耕土地，及时除草，然后对老百姓进行教化，教民向善，促进社会和谐发展。

战国时期的另一位思想家墨子是墨家思想的代表，他提出了"兼爱""非攻"的思想，所谓"兼爱"，包含平等与博爱的意思，他认为君臣、父子、兄弟之间在平等的基础上要相互友爱，"天下兼相爱，爱人若爱其身"，天下的人都相爱，爱别人如同爱自己。作为君主，必须先照顾百姓的身体，然后照顾自己的身体，对待百姓饥饿了就供给食物，寒冷了就送给衣服，生了病就伺候他，死亡了就埋葬他，这样才可以做圣明的君主。墨子在谈到国家的七种祸患中，其中有两种涉及老百姓，即统治者不能一味地耗尽民力赏赐那些没有才能的人，国内储备的五谷不足以供养百姓，作为统治者要爱惜民力，供养百姓，重视粮食生产和财务储备，这是国家安全的最基本保证。将老百姓的事放在重要位置，体现了其爱民思想。

墨子很有忧患意识，在抓紧粮食生产增加粮食储备的同时，他还主张节用、节葬，他引用《周书》里的话说，"国无三年之食者，国非其国也；家无三年之食者，子非其子也"，无论是国还是家都要增强储备，国家防止敌寇侵犯，人民防止饥荒之年，做到有备无患。墨子特别反对铺张浪费，在《七患》一章中抨击统治者和贵族的奢侈浪费，他们以最高的奖赏赐给无功的人，役使老百姓整修宫室供其享乐，活着修造舞榭歌台，死后大修坟墓，人死后又厚做棺材，多做衣服，耗尽国库储备，百姓不堪重负。

节用在生产力落后物力匮乏的时代，的确能起到物资保障的作用，也是对老百姓劳动的爱惜和尊重，是爱民思想的体现。

先秦诸子中另一位儒家思想的代表荀子，他主张"性恶"，强调人的自我觉醒，强调后天教育，用礼与法来教导百姓行善。在对待百姓上，荀子主张爱护百姓，休养生息，开垦田野，充实粮仓，反对统治者对百姓进行苛政惊扰，鼓励老百姓发展生产，合理开发利用自然资源，不胡乱采伐，不妨害动植物生长繁殖，不违农时，增加百姓的收入和粮食储备。在《王制》一章中，荀子主张对官吏的职责进行明确规定：修理堤坝桥梁，疏通沟渠，引水排涝，修固水库，根据时势来放水蓄水，即使是饥荒歉收、涝灾旱灾不断的凶年，也使民众能够耕耘而有所收获，这是司空的职责。观察地势的高低，识别土质的肥沃与贫瘠，合理安排各种农作物的种植季节，检查农事，认真储备，根据时势去整治，使农民朴实勤劳地耕作而无旁骛，这是农官的职责。制订防火的法令，养护山林、湖泊中的草木、鱼鳖，对于人们的各种需求，按照时节来禁止或开放，使国家有足够用的物资而不匮乏，这是虞师的职责。治理乡里，划定店铺与民居的区域，使百姓饲养六畜，熟习种植，鼓励人们接受教育感化，促使人们孝顺父母、敬爱兄长，根据时势去整治，使百姓服从命令，安居乡里，这是乡师的职责。

官员职责明确了，就会在自己的职责范围内建功立业，而这些职责大多围绕百姓的生产生活问题，官员帮助他们解决生产劳动中的实际问题，为他们解决后顾之忧，让他们安心投入生产劳动。

作为先秦诸子代表的孟子、墨子、荀子，虽然其思想有差异，但在对待老百姓的问题上，他们或主张以民为贵，实行仁政，或主张兼爱节用，反对铺张，或主张休养生息，慈爱百姓，他们的观点大体都包含了重农耕、尚节用、俭丧葬、依农时、惜民力、储粮食等内容，到今天仍然具有重要的借鉴意义。

中国是个农业大国，"三农"问题一直是治国理政的重中之重。

2006 年国家全面废除了农业税，这是具有划时代意义的重大变革，标志着实行了 2600 多年的传统税正式退出历史舞台。2018 年国家将每年"秋分"设立为"中国农民丰收节"，进一步肯定了中国农民在中华民族伟大复兴中的重要地位，展现了中国自古以来以农为本的传统。

2021 年 2 月 25 日，习近平总书记在全国脱贫攻坚总结表彰大会上庄严宣布我国脱贫攻坚战取得了全面胜利，完成了消除绝对贫困的艰巨任务，我们在解决困扰中华民族几千年的绝对贫困问题上取得了伟大历史性成就，创造了又一个彪炳史册的人间奇迹！

关心农业问题，热爱劳动，弘扬农业文化，砥砺劳动精神，培养劳动品质，学会用勤劳的双手创造更加美好的生活。

第十六讲

传统文化践行（二）

优秀传统文化是一条流淌不息的河，浸润着中华大地，浸润着每一位中华儿女的心灵，它融入民族的血液，成为民族的基因。在文化多元化的今天，如何传承优秀文化是摆在我们面前的迫切任务。完成这一任务的关键就是践行，践行就是知行合一。明代儒学家王阳明提出"知是行之始，行是知之成"，即认知是践行的开始，践行是认知的成果，知与行并行不悖，不可割裂，体现了他将实践与认知紧密结合的治学思想。"知"贵在学，在学中觉悟，在学中提升，学习就是加强自身修养的过程。"行"即践行，人们做事往往有始无终，半途而废，就是在"行"上出了问题，应当行胜于言，用行动去说话，脚踏实地，学思践悟。本讲座通过酒文化、对孔子"道"的当代认知两方面的内容，将传统文化践行落在核心素养背景下的课堂教学之中，对传统文化再理解再认识，让传统文化照亮现实，在青少年心中生根发芽。

63. "酒"文化传承

　　"酒"文化在中华文化传承中具有悠久的历史，"酒"也成为中华文化特有的符号，具有浓郁的民族记忆和丰富的民族情感。在中学语文教学中，我们会接触到许多与"酒"有关的作家及作品，这些作品随着岁月的流逝历久弥新，成为文化中的瑰宝。例如曹操"对酒当歌，人生几何"的慨然叹息；"竹林七贤"饮酒纵歌的肆意酣畅；《兰亭集序》中群贤"引以为流觞曲水"的高雅情趣；陶渊明《饮酒》的恬淡怡然；杜甫《登高》"艰难苦恨繁霜鬓，潦倒新停浊酒杯"的落寞无奈；《饮中八仙歌》中"李白斗酒诗百篇，长安市上酒家眠，天子呼来不上船，自称臣是酒中仙"的狂傲不羁；苏子与客游于赤壁之下"洗盏更酌"的畅快淋漓；曹雪芹"举家食粥酒常赊"的穷苦潦倒。"酒"作为一种文化，一种记忆，蕴含了丰富的情感。

"酒"中包含了无尽的渴盼与喜悦

　　酒中包含了强烈的时代记忆，反映了特定时代特定人物的渴盼与喜悦。曹操挥师南指，"酾酒临江，横槊赋诗"，吟诵的《短歌行》中有"对酒当歌，人生几何！""何以解忧？唯有杜康"的诗句，这里的"忧"既有曹操对时间流逝的感慨，也包含了对人才的强烈渴盼。诗的最后两句"周公吐哺，天下归心"表达了自己的心志，"我愿如周公一般礼贤下士，愿天下的英杰真心归顺与我"。"白日放歌须纵酒，青春作伴好还乡"是杜甫听到官军收复失地极度的喜悦和急切还乡的心情；"浊酒一杯家万里，燕然未勒归无计"是守边战士渴盼杀敌报国而又思念家乡的矛盾心理；"葡萄美酒夜光杯，欲饮琵琶马上催"是边关将士为国杀敌的豪放情怀。

"酒"中蕴含兄弟般的深情与思念

"酒"在古代成了朋友聚散离合的必备品，在送别诗词中经常出现。唐代王维《送元二使安西》中"劝君更尽一杯酒，西出阳关无故人"是对友情的珍惜留恋，苏轼《水调歌头·明月几时》中"明月几时有，把酒问青天"是对胞弟苏辙的相思。宋代词人柳永《雨霖铃》中"今宵酒醒何处？杨柳岸，晓风残月"表达了作者与情人的难舍难分。明代杨慎的《临江仙》中"一壶浊酒喜相逢。古今多少事，都付笑谈中"让人不由想起桃园三结义中刘备、关羽、张飞的兄弟情义。酒蕴含中华传统礼仪中的节义思想，情到深时酒助兴，酒到酣时情更浓。

"酒"包含了鄙夷统治者的傲岸与自适

"古来圣贤皆寂寞，惟有饮者留其名"出自李白的《将进酒》，诗人将"饮者"与"圣贤"比较，这里的"圣贤"很大程度就是指那些帝王将相，达官贵人，在李白的眼里，他们只是显赫一时，而要长久扬名还是要像自己这样的饮者，表现了对权贵的蔑视，且其所言与所做是一致的，如力士脱靴贵妃捧砚之美谈，"钟鼓馔玉不足贵，但愿长醉不复醒"，"五花马，千金裘，呼儿将出换美酒，与尔同销万古愁"正是其傲岸不羁性格的体现。汉魏时"竹林七贤"，他们崇尚老庄哲学，生活上不拘礼法,清静无为,聚众在竹林喝酒、纵歌,他们的作品揭露和讽刺司马朝廷的虚伪。到了东晋,陶渊明更是以桃花源、田园作为人生乐园,将饮酒、赏菊作为人生幸事,表达了"不为五斗米折腰"的傲岸风骨及对田园美好生活的向往与自适。

"酒"伴随了无尽的愁苦与孤寂

自古以来,酒与愁密不可分,有着不解之缘,人们往往"借酒消愁"。古人生愁原因众多,有如李太白"举杯邀明月,对影成三人"的孤寂之愁;有王翰"醉卧沙场君莫笑,古来征战几人回"的悲壮之慨;有苏轼"明月几时有,把酒问青天"的手足之思;有李清照"三杯两盏淡酒,怎敌他晚来风急"的离别之愁;有柳永"今宵酒醒何处,杨柳岸晓风残月"的离别之痛;有范仲淹"无奈明月楼高休独倚,酒入愁肠,化作相思泪"的羁旅之愁。

"酒"寄寓了丰富的民族情感与体验

酒作为中华传统文化中不可或缺的一分子,增加了传统文化的醇香与厚重。酒寄寓了时代的印记,丰富了民族的情感,镌刻了深深的民族烙印。酒充实了人们的生活,具有特定的时代记忆,给人们留下了深厚的民族记忆。酒中有悲伤,酒中有喜悦;酒中有别离,酒中有盛会;酒中有狂放,酒中有冷静;酒中有离乱,酒中有团圆;酒中有失落,酒中有寄托,酒的内容丰富多彩。酒中有军旅生活,酒中有爱情的体验;酒中有自然山水,酒中有田园风光;酒中有丰收的喜悦,酒中有歌舞的欢乐;酒中有隐逸的闲适,酒中有爱国的悲歌;酒中有才子的风流倜傥,酒中有雅士的且饮且行。酒里承载了浓郁的民族文化。

传承优秀文化，弘扬民族优秀文化传统，文以载道是语文核心思想的永恒主题。时代发展到现在，酒依然是人们生活中不可或缺的一部分，在中学教学中也多次出现涉及"酒"的文学作品，应正确引导学生理解"酒"文化，培养学生健康的酒文化情趣，既看到酒的积极意义，又看到酒的消极因素，要将"酒"置于特定的时代背景下来解读，不可一概而论，一知半解，既让学生品尝到酒文化的醇香厚味，也要让学生树立积极乐观的处世态度，鄙弃"酒"中的糟粕，远离酒的沉醉、低迷、悲观；吸收"酒"中的精华，扬其振奋、昂扬、乐观的情怀，让"酒"这种文化永远驻留在民族的记忆里，流淌在民族优秀文化的血液里。

64. 孔子"道"的当代阐释

    语文学科承载着传承优秀传统文化的使命，语文核心素养是社会主义核心价值观的有力体现。吸收优秀文化有利于浸润学生的思想，增强文化自觉和文化自信。儒家学派创始人孔子，以其积极入世之"道"，循循善诱之理，教人如何学习、做人和做事。其中的治学之道、修身之道和治世之道对于中学生的学科核心素养的建构具有重要意义。本文旨在以语文学科核心素养为本，挖掘孔子"道"的思想内涵，培养学生对优秀传统文化的传承与理解，增强文化自信，塑造健全人格。

一、孔子的"道"在高中语文核心素养下当代阐释的理论依据及现实需求

（一）孔子的"道"在高中语文核心素养下当代阐释的理论依据

    建构主义心理学认为，学生处于教学的中心位置，教师是学生学习的指导者、帮助者和促进者，在学生学习过程中，教师所做的是为学生提供良好的学习环境与知识建构的丰富资源环境。因此，语文教师需要为学生建构良好的学习环境，积极挖掘语文课程资源，促进学生核心素养的逐渐养成。尤其是像《论语》这样包含中国优秀传统文化精髓的典籍，更应得到重视与运用。元认知学习策略主张教会学生如何根据自己的特点、材料的特点、学习任务和要求，灵活制定相应的计划，采取适

当有效的策略，并在学习过程中积极地进行监控、反馈、调节，及时地修正策略，以便尽快有效地达到目标。所以语文教师有必要根据课程标准要求，灵活制订教学计划，挖掘先秦文化典籍的内涵，通过文本的细读与阐释，促进学生语文核心素养的养成与语文能力的提升，最终促进学生全面发展。

《普通高中语文课程标准》（2017 年版）提出核心素养的概念，学科核心素养是学科育人价值的集中体现，是学生通过学科学习而逐步形成的正确价值观念、必备品格和关键能力。语文学科核心素养从语言、思维、审美、文化四方面对学生的语文能力与素养品格提出更高要求。其中，语文核心素养特别强调文化的传承与理解，要求学生通过语文学习，继承和弘扬中华优秀传统文化。拓展文化视野，增强文化自觉，提升文化自信。热爱中华文化，防止文化上的民族虚无主义。课程标准引起语文教师的高度重视，并且将催生广大一线教师在教学实践中的尝试和运用。工具性和人文性的统一，是语文学科的基本特点，语文学科不仅在于教会学生学习运用语言，也具有鲜明的人文特征。语文学科承载着传承优秀传统文化的使命，语文核心素养是社会主义核心价值观的有力体现。这既是语文学科的特殊性，也是历史传承与现实条件赋予的使命与职责。所以，从高中语文核心素养的角度细读《论语》，挖掘阐释孔子的"道"，并对其进行当代阐释，是贯彻课程标准实施语文教学活动的应有之义。

（二）孔子的"道"在高中语文核心素养下当代阐释的现实需求

首先，是时代发展的要求。儒家思想作为中国传统文化的主流思想，源远流长，影响深远，尤其是在传承中国传统文化、塑造国民性格方面起到重要的作用。当今社会，随着人们生活水平的不断提高，物质条件的日益丰富，生活节奏越来越快，面对纷繁复杂的社会，往往充满不确定性的因素，加之个人主义、拜金主义、享乐主义盛行，极易使人们产生心理的失衡，难以寻找生命存在的价值。从《论语》中挖掘阐释孔子"道"的内涵，有利于学生语文核心素养的养成，习得生活智慧，培养健康、健全人格。大而言之，青年一代是国家的未来，民族的希望，他们将来要承担建设国家的重任，有必要培养学生具有担当精神和家国情怀的优秀品质。

其次，是教师发展的需要。当今时代，很多语文教师因受思想观念、兴趣爱好、价值取向等影响，加之教学负担过重、能力有限等因素的制约，缺乏深度阅读和写作体验，挖掘古代典籍中的教育资源不够。叶圣陶先生说，所谓办教育，最主要的就是给受教育者提供充分的条件。从高中语文核心素养的角度细读《论语》，阐释孔子的"道"，也是基于教师的现实需求，具有必要性。

再次，是学生成长的需求。高中学生正处于自我意识的确定和自我角色形成的关键时期，他们的理性思维尚未成熟，受情绪困扰大，因而教师需要尊重学生心理特征，给予必要的指导和帮助。另外，青少年的创造性思维较儿童有了较大提高，逐渐转变为以发散思维为主，他们逻辑思维逐渐成熟，辩证思维开始发展，概括能力大大提高，思维的深刻性和批判性有很大发展，思维的独创性有了明显提高。因此教师还应鼓励学生开拓创新，摆脱习惯性思维，进一步促进学生创造力的发展。吸收优秀传统文化，有利于浸润学生的思想，进一步提高思维品格，增强文化自觉和文化自信。

二、"道"的含义及孔子"道"所承载的核心素养内涵

关于"道"的含义，《说文解字》解释为"道，所行道也。"清代段玉裁《说文解字注》解释为，"所行道也。毛传每云行道也。道者人所行。故亦谓之行。道之引申为道理。亦为引道。"所以，道的基本含义是道路，后逐渐引申为道理、规律、道德、道义、方法等。孔子利用这个词的基本含义，巧妙地加以延伸，将"道"确定为自己的人生志向，子曰："志于道，据于德，依于仁，游于艺。"孔子以道至上，道贯穿其心中。他的道主要包含治学、修身和治世三个方面，即努力学习，提升品格，成就事业。

作为儒家思想的开山鼻祖，孔子一生都在追随"道"。子曰："朝闻道，夕死可矣。"早晨明白了世界的真理，晚上死去也是值得的，他对"道"的追寻超越生死，对"道"的论述贯穿于《论语》始终。"道"承载了孔子的核心思想，孔子之道也是语文学科核心素养的重要内容之一。

（一）孔子的"道"承载了勤勉好学的治学之道

勤学苦读是中华民族的优良传统，也是中学生传统文化核心素养形成的主要渠道。面对纷繁芜杂的社会，孔子认识到学习的重要性，并努力践行，成为楷模。《论语》第一则就提出学习的重要性，子曰："学而时习之，不亦乐乎！有朋自远方来，不亦乐乎！"学的最基本方法，就是"学"与"习"结合，学习文化典籍，且不断温习旧知。视有志同道合的人从远方来同自己交流为人生乐事。自己也是"十有五而志于学"，从小就立下了一心向学的志向。要培养学生必备的传统文化素养，帮助学生掌握基本的传统文化知识与技能，就要加强对传统文化的学习与亲近，学为立身之始，学为立道之本。

1. 要有自我反省、见贤思齐的品质

学习要内外兼修，对内不断反省自我，对外以贤德的君子为楷模，不断完善人格，培养核心素养。

孔子的弟子曾子曰："吾日三省吾身，为人谋而不忠乎？与朋友交而不信乎？传不习乎？"（《论语·学而》）一个"省"包含了反省、省悟、省察的意思。处在人世间，要经常检查反省自己，反省的内容包含"忠""信""习"，待人是否忠诚，交友是否诚信，传授是否学习。教育学生具有担当意识、家国情怀，就是最大的忠；待人谦和、诚实守信，就是最大的信；刻苦勤奋、进德修业，就是最大的习。

对学生所具备优秀传统文化素养的培养是需要以先贤为楷模的。子曰："见贤思齐焉，见不贤而内自省也。""贤"就是有德行有才能的人。赏贤任能是用人的标准，贤德之人我们不仅要崇拜，还要向他们学习并努力看齐。见不贤德的人，我们要反省自己是不是也有那些不良的行为。见贤者，高山仰止，向贤者学习；见不贤者，反躬自省，避而远之。

"自省"是夫子的修身之道，人总会有背离本心的时候，只要我们以先贤的经典语录为人生的风向标，"行有不得，反求诸己"，时常检查反省自己，时常看到自己的不足，向圣贤学习，这样就会不断趋于仁。

2. 要有不耻下问、学而不厌的态度

子贡问孔子，孔文子的谥号"文"怎样理解，夫子极力肯定这个谥号，子曰："敏而好学，不耻下问，是以谓之'文'也。"这句话有三层含义：敏捷、好学、不耻下问，这显而易见是具备"文"的品质的，是对孔文子的褒扬。这一句虽然是评价一个人，但也告诉我们学习应该具备怎样的态度。学问上不耻下问，不以向学问地位不如自己的人请教为耻辱，三人行必有我师，应当放下身价，不分社会地位，不分年龄，不分学问高低，学人一技之长，补己之短。这句话看似平淡，实则深刻，做学问应态度谦和，知之为知之，不知为不知，努力追求生命的高度。

培养学生勤奋苦读，建立对传统文化的亲近感，除培养兴趣爱好之外，还应锻炼其孜孜以求的意志。每读夫子的这两句语录，无形中就会增强学习的紧迫感和教学的责任感，"学而不厌，诲人不倦"，学海无涯，面对浩如烟海的旧知和神奇复杂的新知，学习的脚步永远不能停，最难能可贵的就是在追求学问的道路上永不满足。

至于学什么，孔子说，"不学《诗》无以言"，"不学礼，无以立"，这是夫子对儿子孔鲤的告诫，要学会说话就应学《诗》，要学会立身做人就应学礼，用礼约束自己，才能自立于社会。

3. 要有学思结合、德才兼备的品格

学思并重是孔子教学思想的核心，子曰："学而不思则罔，思而不学则殆。"学思结合能帮助学生增强对传统文化的理解力，建立理性认识。

孔子用简洁的语言阐明"学"与"思"的关系，只读书不思考就会陷于迷惑，只思考不读书就会陷于危险。学中有思，就会辨明哪是正确的，哪是错误的；哪是主要的，哪是次要的。只思而不学，就会陷于盲目困惑之中。只有将学与思结合起来，才能学有所获，思有所得，成为有学识的人。

孔子弟子三千，贤者七十二，为什么当哀公问夫子弟子中谁最好学时，他说唯有颜回呢？夫子对"学"的诠释不是浅层次上的学。颜回"不迁怒，不贰过"，不把自己的愤怒情绪转移给别人，不重复犯同样的错误，这是学习然后达到的至高境界。颜渊是夫子的高足弟子，孔子在谈到弟子颜回时说"贤哉回也，一箪食，一瓢饮，在陋巷，人不堪其忧，回也不改其乐"。在加强自身修养与物质生活享受上，君子之人饭食不求丰富，居住不求舒适，做事机敏谨慎，时常到有道的人那里去对照反省自己的错误，这样才算是真正的好学，才算是真正的贤德之人，所以孔子谈起这位弟子时爱惜有加。

培养德才兼备的合格人才是核心素养的基本要求。学识与才德两者之间是有机融合、不可偏废的。有这样几句流行语：无德无才是废品，有德无才是半成品，有才无德是危险品，有德有才是精品。只有德才兼备，方可称为君子。夫子倡导学习，躬行不辍，教育弟子终身学习，批评不好学的弟子，同时也极力褒扬好学的弟子。这就是当鲁哀公问他哪位弟子最好学时，他极力推崇颜回的原因，且对他的早逝表示深深的遗憾。

（二）孔子的"道"承载了克己复礼的修身之道

孔子倡导用礼乐治理天下，礼是其思想核心之一，对礼的达成他提出"克己复礼"，即克制自己，使自己的言行符合礼的规定。

1.学习礼仪之道，克己复礼

颜回问夫子怎样才能达到仁的境界，夫子的回答简洁明了，那就是"克己复礼为仁"，克制自己的私心，实行周礼。并且还具体到了实行礼的条目，即"非礼勿视，非礼勿听，非礼勿言，非礼勿动"，不符合礼的不去看、不去听、不去说、不去做。

对于如何实现礼，夫子给出了明确的做法和路径。这里的"礼"实际就是夫子的仁爱思想，是其道的重要组成部分，这是人生命高度自觉的表现。制约仁实现的痼疾就是人内心的私欲，实行仁应分两步走，首先是"克己"，就是去私欲，除私心，排杂念，私心杂念最难除，人常说，人不为己，天诛地灭。私欲是顽疾，王阳明先生说："去山中贼易，去心中贼难。"修身最大的敌人就是自己，"克己"是加强自身修养的必由之路。其次，就是"复礼"，回到礼的要求上去，依礼行使，用礼约束自己。

以礼的要求约束自己，就一定能实现仁。子曰："君子学道则爱人，小人学道则易使也。"这里的"道"就是礼乐，君子学习了礼乐就能爱人，小人学习了礼乐就容易指使。这则语录赋予了"道"也就是"礼乐"以神奇的作用，他认为治国以礼，为政以礼的治民思想在语录中多有体现，子曰："道之以德，齐之以礼，有耻且格。"这则语录也是其以礼乐治天下思想的集中反映，"以德""以礼"，就是用道德和礼仪教化百姓，百姓就会有耻辱感。这其实就是亚圣孟子民本思想的起源，统治者应当以德以礼来教化老百姓，不可一味地用严酷的刑罚来制约百姓。费孝通说："礼并不是靠一个外在的权力来推行的，而是从教化中养成了个人的敬畏之感，使人服膺；人服礼是主动的。"极力肯定了教化在礼形成过程中的作用。

2. 学习忠恕之道，杀身成仁

孔子对弟子说"吾道一以贯之"，是说他的道是由一个基本的思想贯穿始终的，这个"道"就是"忠恕"。子贡问他有没有一个字可以终身奉行的呢？他的回答就是"恕"，夫子对"恕"的解释是"己所不欲，勿施于人"，通俗地解释就是用自己的心推想别人的心，这实际上就是夫子仁的思想核心。孔子的弟子曾子说："士不可以不弘毅，任重而道远。仁以为己任，不亦重乎？死而后已，不亦远乎？"曾子努力践行夫子"仁"的思想，以仁为己任。作为当时读书人阶层的士人，的确没有高的社会地位和大的权利，但他却肩负重任，具有博大的胸怀，长远的目光，坚毅的品格，并且把"仁"作为一生的追求，直至死而后已。

"仁"到底多么重要，值得一个人至死不渝地追求？夫子对仁的论述是克己复礼为仁，仁者爱人，就是对人要亲善、仁爱。夫子教导弟子

"杀身以成仁"，为了仁，宁可牺牲生命，可见仁在儒家思想中所占的地位。"仁"就是推己及人，在家懂得孝悌，善事父母，尊敬兄长；对外要具备仁爱思想，待人和善亲近。

3. 学习节俭之道，克勤克俭

孔子极力反对奢侈，主张节俭。子曰："奢则不孙，俭则固。与其不孙也，宁固。"他认为，奢侈就会显得不谦逊，节俭朴素则会显得寒碜。与其不谦逊，宁可寒碜。寒碜是人人都不愿意要的，但和奢侈比较起来，宁可要寒碜，坚决舍弃奢侈。夫子的论述深深影响到了后世，唐代诗人李商隐诗中有"历览前贤国与家，成由勤俭破由奢"，阐释了一个政治清明的国家源于俭，俭是治国的根本所在。司马光写给儿子的《训俭示康》中谈到，古人以俭为美德，今人以俭互相讥笑，从而发出警告"由俭入奢易，由奢入俭难"。

在物质及其充盈的现代，再去谈"俭"学生会不以为意，但"俭"却是人的许多良好品质形成的因素，小小的奢侈可能会形成诸多不良的品质，这就是小与大的关系。应当教育学生感恩生活，别忘了"一粥一饭，当思来处不易；半丝半缕，恒念物力维艰"的古训，将人的无限的奢欲关进笼子里，精心培植自己的俭朴之心，将其视为一种美德，让它生根、发芽、开花、结果，让它成为形成其他美好品德的媒质。

（三）孔子的"道"承载了兼济天下的为政之道

在孔子的言论中，多次提到"邦有道""邦无道""天下有道"等概念，这里所提到的"道"，是指国家的政治符合最高和最好的原则。治国安邦思想是孔子为政思想的核心，孔子的为政之道对于培养学生的核心价值观，坚持正确的价值导向具有重要作用。

1. 为政以夫子为木铎

孔子处于春秋末年，社会动荡，礼崩乐坏，天下到处都像洪水一样混乱，孔子失去官位，与弟子周游列国，仪封人请求把自己引见给孔子，他说"天下之无道也久矣，天将以夫子为木铎"，他认为天下混乱至极，上天将借孔子来宣扬大道，将拯救天下混乱局面的希望寄托于孔子。孔子在与弟子谈论治国理想时，曾点的理想社会是暮春时节，人们有衣穿，大人们带着孩子到沂水边洗个澡，陶醉在春天和暖的阳光和和煦的春风里，唱着歌归来，夫子赞赏曾点，因为曾点所描述的正是夫子理想中的社会，远离战争饥饿，亲善和谐，就是夫子礼乐治天下的理想境界。

儒家思想是中国传统文化的主流意识形态，以儒家优秀传统文化为载体，能够培养学生的家国情怀。普通高中的培养目标之一就是"着力发展核心素养，使学生具有理想信念和社会责任感"，孔子积极入世的思想在当代依然具有借鉴意义，对于培养学生发展核心素养具有积极意义。

2. 为政要身正为范

作为统治者，孔子施政的关键就是要以身作则，端其形，正其心，季康子问政于孔子，孔子对曰："政者，正也。子帅以正，孰敢不正？"夫子将施政的"政"理解为"正"，就是要走的端，行得正。子曰："其身正，不令而行；其身不正，虽令不从。"那么"正"到底怎样理解呢？"正"就是指人的行为正派、正直、公正。《礼记》中提到修身八条目，其中正心是修身、齐家、治国、平天下的先决条件。作为统治者，有了正心，就会有公德心，就会去私欲。日常我们会说：上梁不正下梁歪，统治者就是老百姓的榜样，统治者一身正气，就会给老百姓作出表率。

在当时复杂的社会条件下，寄希望于为政者的自律，从道德层面进行约束，也是一种无奈之举，但至少可以作为历代统治者执政的参考。这种"正"所发挥的作用又何止施政，父母的端行是子女的表率，老师的端行是学生的表率，为人师，言必信，行必果，用正能量影响学生，化育学生，争做学生的榜样。

3. 为政要家国一理

关于"为政之道"，人常说家国天下，其实家国一理，家是最小国，国是千万家。当有人问孔子为什么不从事政治时，他引用《尚书》中的语言谈自己的为政之道，作为一个人，做好了孝悌之事，孝敬父母，友爱兄弟，把这种风气带到政治上去，也算是为政了。可以看出，为政不是一个狭隘的概念，一个人做好了自己分内之事，不管是否为官都算是为政了。官职有大小之分，但为政无职业之别，天下兴亡，匹夫有责，只要我们认真做好一件件小事，这种风气就会影响感染到他人，从而影响社会，我们也算是为社会作了贡献。

另外，孝悌思想是儒家思想的起源，这种思想对后世统治者治理国家起到了重要作用，晋朝以孝治天下，李密就是抓住了这一思想，才上书《陈情表》，不愿出仕为官，愿乞终养祖母。作为民族礼仪的大同思想，现在还应取其精华，发扬光大，要教育学生为人处世要从爱一个家开始，从而爱一个国，成就自己的梦想。

三、结束语

传统文化教育具有深远的历史意义和非凡的现实意义，对传统文化的价值进行再发现，再认识，再阐释，有利于培养文化自信，有利于塑造健全人格，有利于培养核心素养，形成核心价值观。子曰："笃信好学，守死善道。"即坚持信念并努力学习，誓死守卫并完善治国与为人的大道。好学为立身之本，修身为为人之本，治世为守善之本。在传统文化学习中，教与学向来都是互相促进，并行不悖的，夫子以其思想影响了弟子，弟子也传递了夫子的道。

《论语》阐释的道并非高不可及，它从简单入手，告诉人们怎样才能过上心灵所需要的生活。道就是规律，是万事万物运行的法则，是人类社会演变过程中所总结出的有意义有价值的东西。孔子穷尽一生去追寻道，他周游列国是为道，办学授徒是为道。"道"不是单个的个体，而是由一个个元素共同组成的。道不是呼之即来的，而是要用正心诚意去呵护。道是需一生追求，生死相依的。道是孝悌，道是仁义礼智信，道是忠恕，道是己所不欲勿施于人。《论语》不仅蕴含了中华民族几千年来源远流长、生生不息的道德准则，它更是一本非常朴素的，能够以人伦为起点，教给每一个人在现实生活中获得心灵快乐，能够熟悉现代日常秩序，找到人生坐标的语录。从高中语文核心素养的角度看《论语》中的"道"，更是教会学生如何科学有效地学习，高尚地做人，合理合法地治国安邦。

后　记

　　中华优秀传统文化是中华民族永不枯竭的精神财富，是中华民族的"根"和"魂"。中华文明绵延至今从未断流，多元化是文化发展的主流，历史上中华文化鼎盛时期文化往往都是多元化的。就文学而言，先秦散文，百家争鸣；汉魏赋文，流传不息；唐诗宋词，文化瑰宝；明清小说，各俱风格。

　　文化自信是建立在民族文化根基之上的，继承和创新是文化自信的两个基本要素。继承优秀传统文化是需要文化自觉的，文化自觉是在长期教育和学习中形成的。物质生活和精神生活是人的两种基本需求，物质享受能使人获得生活的满足，精神享受能使人获得生命的愉悦。物质能让人健康幸福，精神能让人充实自信。"上善若水"是老子的精神追求，"三月不知肉味"是孔子的精神享受，"逍遥于天地之间"是庄子追求的绝对精神自由，"浩然之气"是孟子的高贵精神品质，继承优秀传统文化能让人获得精神的享受。

　　中华优秀传统文化是母文化，孕育了民族的优秀品格，滋养着中华儿女的心灵，具有强大的生命力。传统文化是民族的符号，是民族的记忆，是民族的血脉，是智慧的源泉。传统文化是我们的文化信仰，蕴含哲学智慧，包含民族的价值观和思维方式。学习传统文化能提升人的精神境界和人文素养，以文化人，以文育人。文化是道德建设的根，孔子的弟子有子说："君子务本，本立而道生"，意思是君子致力于根本，根本建立了，治国做人的原则也就有了。这里的根本就是孝悌，孝悌是仁的根本。作为知识分子，其"本"就是弘扬传承优秀传统文化，在文化的传承中不断创新，实现自我价值。

文化经典是传统文化的重要载体，是前人智慧的结晶，是民族的文化记忆，承载了民族的思想观念、道德情操和精神品质。传统文化的核心思想分为儒、释、道三部分，其主要文献分类有经、史、子、集，涵盖了文史哲等主要内容。民族精神的传承、培养和塑造是离不开文化经典的，用优秀文化启迪智慧，陶冶情操，提高审美情趣。学习优秀传统文化，能够锤炼人格品质，建立文化自信，增强人文底蕴和文化素养，厚植家国情怀。

中华优秀传统文化是民族文化的瑰宝，历经几千年而不衰，有其客观存在的历史意义，当然也有其现实意义。然而世易时移，时代变迁，人们的价值观和文化亲近感也在悄悄发生着变化，文化的流失是客观存在的，如何帮助学生走近文化经典是摆在教育工作者面前的任务，要引导学生在文化浸润中不断形成健康的审美观和价值判断，筑牢传统文化的根基。

学习优秀传统文化，实现文化的当代价值，需要拉近古人与今人的关系，建立文化的亲近感，使人觉得古代文献不再是冷冰冰的文字，古人不再是尘封了的历史。古文献的文字是鲜活的，能为我所用；古人是可亲可近的，我们跨越时空，能与古人交流思想。在不知不觉中走近传统文化，文以载道，文道合一。"善歌者使人继其声，善教者使人继其志"（《礼记·学记》），善于歌唱的人能使人情不自禁地跟着他的声音唱，善于教学的人能使人潜移默化地接受他的思想。学习优秀传统文化，要本着读原著，悟原理的原则，读与悟结合，学与思结合，古与今结合，知与行结合，在学懂弄通的前提下，挖掘其当代价值。

中华文化是有韧性的文化，历经几千年而源源不断、苍劲挺拔，它有如黄河长江，滚滚流淌，永不止息，滋养着中华儿女；有如三山五岳，沉稳厚重，绵延不绝。建立文化自信，形成文化自觉，守望精神家园。

马建荣

2021 年 5 月于宁夏吴忠